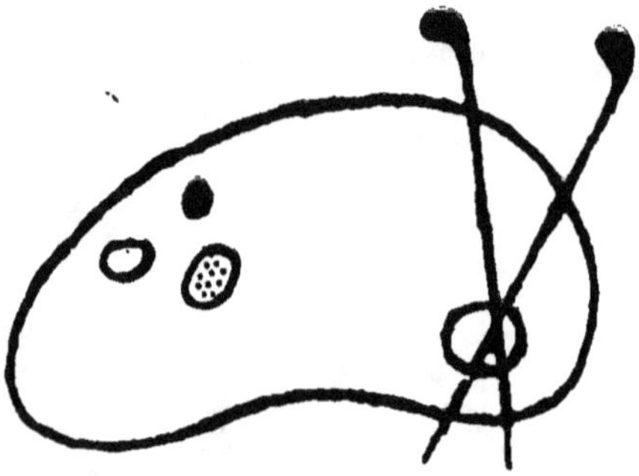

Début d'une série de documents
en couleur

BIBLIOTHÈQUE HAGIOGRAPHIQUE ORIENTALE
ÉDITÉE PAR
LÉON CLUGNET

I

COMMENT LE CORPS DE JACQUES BARADÉE FUT ENLEVÉ DU COUVENT DE CASION PAR LES MOINES DE PHESILTHA

RÉCIT DE MAR CYRIAQUE

TEXTE SYRIAQUE

PUBLIÉ ET TRADUIT PAR

M. A. KUGENER

II

HISTOIRE DE SAINT NICOLAS SOLDAT ET MOINE

TEXTE GREC

PUBLIÉ PAR

Léon CLUGNET

PARIS
LIBRAIRIE A. PICARD ET FILS
82, rue Bonaparte, 82

1902

A LA MÊME LIBRAIRIE

BIBLIOTHÈQUE HAGIOGRAPHIQUE ORIENTALE, éditée par LÉON CLUGNET.

1. — **Vie et récits de l'abbé Daniel le Scétiote.** — I. Texte grec, publié par Léon CLUGNET — II. Texte syriaque, publié par F. NAU. — III. Texte copte, publié par Ignazio GUIDI. — 1891. XXXII-118 p. 8 fr.

2. — **Histoire de Jean Bar Aphtonia.** — Texte syriaque, publié et traduit par F. NAU. — 1892. 39 p. 3 fr. 50

3. — I. **Comment le corps de Jacques Baradée fut enlevé du couvent de Casion par les moines de Phesiltha. Récit de Mar Cyriaque.** — Texte syriaque, publié et traduit par M.-A. KUGENER. — II. **Histoire de Saint Nicolas, soldat et moine.** — Texte grec, publié par Léon CLUGNET. — 1892. 34 p. 3 fr. 50

EN PRÉPARATION :

Vie de Sainte Marine.

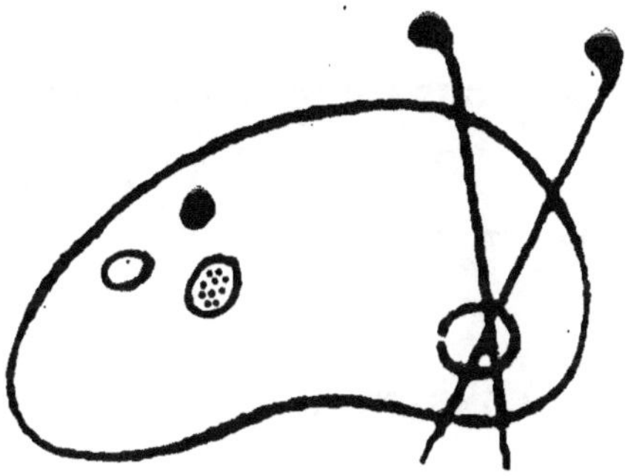

Fin d'une série de documents
en couleur

BIBLIOTHÈQUE HAGIOGRAPHIQUE ORIENTALE

3

I

COMMENT

LE CORPS DE JACQUES BARADÉE

FUT ENLEVÉ DU COUVENT DE CASION

PAR LES MOINES DE PHESILTHA

RÉCIT DE MAR CYRIAQUE

II

HISTOIRE DE SAINT NICOLAS

SOLDAT ET MOINE

BIBLIOTHÈQUE HAGIOGRAPHIQUE ORIENTALE
ÉDITÉE PAR
LÉON CLUGNET

I

COMMENT LE CORPS DE JACQUES BARADÉE FUT ENLEVÉ DU COUVENT DE CASION PAR LES MOINES DE PHESILTHA

RÉCIT DE MAR CYRIAQUE

TEXTE SYRIAQUE

PUBLIÉ ET TRADUIT PAR

M. A. KUGENER

II

HISTOIRE DE SAINT NICOLAS

SOLDAT ET MOINE

TEXTE GREC

PUBLIÉ PAR

Léon CLUGNET

PARIS
LIBRAIRIE A. PICARD ET FILS
82, rue Bonaparte, 82

1902

I

COMMENT

LE CORPS DE JACQUES BARADÉE

FUT ENLEVÉ DU COUVENT DE CASION

PAR LES MOINES DE PHESILTHA

RÉCIT DE MAR CYRIAQUE.

TEXTE SYRIAQUE

PUBLIÉ ET TRADUIT

Par M. A. KUGENER.

INTRODUCTION

Le manuscrit syriaque *add.* 12174 du British Museum, qui est daté de 1197, renferme à la suite de la Vie de Jacques Baradée, attribuée à Jean d'Asie, un petit écrit qui a pour auteur, d'après son en-tête, Cyriaque, évêque de *Mardin*, et qui raconte comment les ossements de Jacques Baradée ont été enlevés furtivement du couvent de Casion, puis transportés au couvent de Phesiltha. Cet écrit se retrouve, mais attribué à Cyriaque, évêque d'*Amid*, dans le ms. *Sachau* 321 (daté de 741 après Jésus-Christ selon M. Sachau), où il suit la même Vie de Jacques Baradée que celle du ms. de Londres. Le ms. *Sachau* 321 fournit toutefois pour ces deux textes une rédaction assez différente de celle de l'*add.* 12174. La Vie de Jacques Baradée a été publiée par Land d'après l'*add.* 12174 (1); le récit de Cyriaque, resté inédit, a simplement été résumé d'après ce même ms. par H. G. Kleyn (2). Comme il présente un certain intérêt historique, nous avons jugé utile de le faire connaître *in extenso* aux lecteurs de la *Revue de l'Orient chrétien*.

Le texte syriaque que nous allons reproduire sera celui du ms. de Berlin (3), sauf dans deux ou trois cas. Nous exposerons tout à l'heure pourquoi nous avons préféré la rédaction du ms. de Berlin (B) à celle du ms. de Londres (L). Ne disposant en fait de points diacritiques que des deux points du pluriel, nous remplacerons autant que possible les autres points diacritiques par les voyelles qui en rendent la valeur (4).

(1) *Anecdota syriaca*, t. II, p. 364-383. Une traduction latine du tome II des *Anecdota syriaca* a été publiée par Van Douwen et Land dans les *Verhandelingen der koninklijke academie der wetenschappen, afdeeling letterkunde*, t. XVIII. La Vie de Jacques Baradée y va de la p. 203 à la p. 215.

(2) *Jacobus Baradæus, de stichter der syrische monophysietische kerk*, Leyde, 1882, p. 88-89. On remarquera que le résumé de Kleyn n'est pas tout à fait exact.

(3) *Sachau* 321, fol. 173 *a-b*; dans l'*add.* 12174, le récit de Cyriaque se lit au fol. 291 *a*.

(4) Nous remercions vivement M. E. W. Brooks d'avoir bien voulu collationner la rédaction du ms. de Berlin avec celle du ms. de Londres.

ܡܟܬܒܢܘܬܐ

ܕܡܪܝ ܣܘܪܝܐ ܐܦܝܣܩܘܦܐ ܕܐܡܕ

ܕܥܠܘܗܝ ܕܩܕܝܫܐ ܡܪܝ ܫܡܥܘܢ.

ܟܕ ܗܘܐ ܡܪܝ ܫܡܥܘܢ ܐܦܝܣܩܘܦܐ ܡܢ ܟܘܪܣܝܐ ܩܕܝܫܐ ܕܡܫܝܚܘܬܐ ܥܢܐ ܠܗ ܡܪܢ܆ ܡܢ ܩܕܡ ܙܒܢܐ ܣܓܝܐܐ : ܡܛܪܦܘܠܝܛܐ ܡܪܝ ܐܬܬܣܝܡ ܥܠ ܟܘܪܣܝܐ ܕܡܛܪܘܦܘܠܝܣ ܗܘ ܙܒܢܐ ܐܚܪܢܐ : ܐܝܟ ܥܠܡܐ ܕܩܕܡܝܐ ܗܘܘ ܠܗ܇ ܡܢ ܟܘܪܣܝܘܬܗܘܢ ܠܐܦܝܣܩܘܦܐ ܐܬܬܘܕܥܘ: ܗܫܐ ܐܠܝܨܝܢ ܗܘܘ ܕܢܬܬܢܝܚܘܢ: ܐܠܐ ܩܕܡܝܐ ܕܐܬܚܙܝ ܐܦ ܥܠܡܐ ܦܫܝܛܐ ܗܘܐ ܒܙ ܗܘܢܘܢ: ܘܟܠ ܒܙܒܢܐ ܟܠܗ ܒܗ ܩܕܝܫܐ ܗܢܐ. ܡܛܠ ܕܡܪܝܐ ܕܐܬܚܙܝ: ܥܠܡܐ ܕܢܣܒ ܡܫܝܚܐ: ܠܗܪ ܐܝܟ ܡܢ ܩܕܝܫܘܬܐ ܕܩܕܝܫܐ ܗܢܐ: ܠܐܦܝܣܩܘܦܐ ܕܥܠܝܡܘܬܐ: ܗܫܐ ܕܒܬܪܥܐܗܘܢ ܐܬܬܘܕܥܘ. ܗܘܐ ܕܝܢ ܠܐܡܕ: ܡܪܝ ܫܡܥܘܢ. ܘܠܐܦܪܝܡ ܡܪܝ ܐܚܝܢܐ. ܘܡܢܚܡܢܐ ܡܢܗ ܐܝܟ: ܘܟܠܠܐ ܡܪܝ ܕܝܠ. ܘܗܘܝܐ ܒܗܠ ܠܐܪ ܘܡܕܝܢܬܐ: ܟܕ ܡܠܟܝܢ ܗܘܘ ܒܗܠ ܡܠܟ: ܠܛܘܒܬܐ ܦܛܪܝܬܐ. ܒܗ ܗܘܐ ܒܗܠ ܒܗܘܐ ܙܒܢܐ: ܟܕ ܡܪܝ ܕܝܠ ܐܦܝܣܩܘܦܐ

Titulus apud L : ܡܟܬܒܢܘܬܐ ܕܚܝܐ ܕܡܪܝ ܣܘܪܝܐ ܐܦܝܣܩܘܦܐ ܕܐܡܕ. ܕܐܡܪ ܐܠܗ — ܡܪܝ ante ܚܝܐ pos. — ܘܚܝܐ ܕܡܪܝ ܫܡܥܘܢ ܡܢ ܕܐܡܕ ܘܐܫܪܝ : ܕܩܕܝܫܐ. — 1 ܚܝܐ — ܡܛܪܦܘܠܝܛܐ sic infra 13 — 3 ܕܡܢ ܕܐܡܕ ܐܝܟ ܕܝܠܗ — 4 ܣܘܪܝܐ — 5 ܐܦܝܣܩܘܦܐ ܘܡܛܪܦܘܠܝܛܐ B, ܠܐܦܝܣܩܘܦܐ ܘܐܫܪܝ L — 6 ܩܕܝܫܐ post ܐܬܚܙܝ add. — ܦܫܝܛܐ — 7 [ܚܣܝܐ ܘܚܣܝܐ ܡܢ (ܘ in ܡܢ sine puncto diacritico ܡܛܠ ܕܐܡܕ ܚܣܝܐ — 8 ܕܢܣܒ [ܘܡܫܝܚܐ — o ante ܠܗܪ add. — ܘ ܩܕܝܫܘܬܐ om. — 9-10 ܘܡܢܗܘܢ ܠܐܦܝܣܩܘܦܐ ܐܬܬܘܕܥܘ ܐܬܬܘܕܥܘ ܕܒܬܪܥܐܗܘܢ — 10 ܗܘܐ ܕܝܢ om. — ܠܐܡܕ — 10-11 ܘܠܐܦܪܝܡ ܡܪܝ ܐܚܝܢܐ ܘܡܢܚܡܢܐ — ܘܟܠܠܐ post ܘܡܪܝܐ add. — ܒܗܠ ܡܠܟ om. — ܠܛܘܒܬܐ 12 ܘܡܠܟܝܢ ܗܘܘ ܒܗܠ — ܒܗ post ܗܘܐ pos. — ܒܗܘܐ ܙܒܢܐ 13

ܕܠܐ ܦܩܕ ܡܢܗ ܡܫܡܫܢܘܬܗ ܕܠܡܫܝܚܐ ܡܪܝ ܝܥܩܘܒ: ܠܡ ܠܟܢܫܐ ܡܫܡܫܢܐ ܗܘ ܡܫܡܫܢܐ ܡܢܗ ܘܐܬܚܙܝ: ܡܛܠ ܐܢܫܐ ܠܡܩܒܠܐ ܡܢ ܚܒܝܒܘܗܝ: ܘܐܬܐ ܡܢ ܡܫܝܚܘܬܗ ܕܡܫܝܚܘܬܐ. ܘܗܘܐ ܐܝܟ ܕܥܠ ܡܚܫܒܬܐ ܠܗ ܢܦܫܬܐ: ܕܢܐܙܠ ܠܕܝܪܐ ܕܩܣܝܢ ܗܘ ܕܦܩܕ ܠܗ: ܡܬܓܢܒܢܘܬܐ ܡܢ ܬܡܢ. ܘܦܩܕ ܠܗܘܢ ܢܬܟܢܫܘܢ ܘܐܡܪܝܢ ܢܫܒܩܘܢ. ܡܛܠ ܐܝܟ. ܐܬܕܪܘ ܕܝܢ ܗܠܝܢ ܕܐܙܠܘ: ܟܢܫܐ ܠܡܫܡܫܢܐ ܘܠܟܠܗܝܢ ܡܠܟܐ ܕܬܘܕܝܬܐ. ܘܟܕ ܐܬܐ ܐܬܐ ܗܘܐ ܡܠܟܐ ܕܬܪܝܢܐ: ܘܢܦܩܘ ܠܟܠܗ ܩܕܝܫܐ ܗܢܐ. ܘܐܡܪ ܐܝܟ ܠܟܬܒܐ ܕܝܠܗ ܠܟܘܪܣܝܐ ܕܐܢܫܘܗ ܥܡܗ ܠܫܡܫܐ. ܘܐܙܠܘ ܕܝܢ ܬܠܬܐ ܕܝܪܝ: ܒܬܫܥܐ ܝܘܡܝܢ ܡܢܗ ܡܬܚܙܝܢܘܬܗ ܐܡܪ ܕܝܪܐ: ܕܡܫܝܚܐ ܗܘܐ ܡܫܡܫܢܐ. ܟܕ ܕܝܢ ܐܙܠܘ ܘܡܛܘ ܠܕܝܪܐ ܕܩܣܝܢ: ܟܠܗ ܠܕܝܪܐ ܩܪܒܘ ܘܥܠܘ ܘܐܠܬܦܘ ܡܢ ܡܫܡܫܢܐ ܡܪܝ ܩܣܝܢ: ܡܢ ܐܬܪܐ ܕܐܡܕ. ܡܢ ܐܬܐܠܘ ܕܟܠܡܐ ܕܐܝܢ: ܩܠܗ ܕܐܚܝܗܝ ܚܢܢ ܕܝܠܐ ܕܩܘܪܝܐ: ܟܠܐ ܗܘܐ ܕܐܬܡܫܚܘܪܐ. ܘܡܢ ܐܠܩܘܠܗ ܠܐܬܪܐ ܩܘܡܢܐ. ܟܕ ܗܘܐ ܫܠܐ ܠܡܢ ܠܐܝܟ ܬܫܥܝܢ: ܐܝܟ ܫܡܥܘܢܐ ܡܢܗܘܬܐ ܕܢܚܢ ܗܘܐ ܠܗܘܢ ܠܐܘܪܚܐ: ܐܬܠܘ ܚܕ ܡܢ ܗܠܝܢ ܕܬܡܢ ܐܬܝܢܐ ܟܕ ܡܫܐܕܝܢ ܘܡܪܕܘ ܡܫܢܝ. ܘܩܪܒܘ ܣܬܪܗܘܢ ܡܠܐܘܗܝ ܡܩܒܠܝܢ. ܟܕ

ܘܣܩܡ ܢܩܡܐ ܘܐܦ. — 4-5 ܡܬܓܢܒܢܘܬܐ : ܕܦܩܕ ܠܗ ܘܢܒܐ] ܡܪܝ ܡܚܡܣ ܠܡܫܝܚܐ ܡܢܗ ܘܕܢܗ. 1 ܘܡܠܐ ܠܡܬܚܫܒܢ ܘܡܬܚܫܒܢ 6 — ܠܗ ܘܐܬܚܙܝܘ ܐܦ. — 7 ܘ ante ܗܘ om. — 8 ܐܬܚܙܝܘ] ܠܡܫܟܘ. — 9 ܐܢܫܐ. — post hoc verbum legitur : ܕܠ ܘܗܘܐ ܘܐܬܪܐ ܘܐܦܠܐ ܘܝܗܒܘ ܟܕ ܠܡܫܟܢܐ ܕܝܠܗ ܘܐܦܠܐ ܗܘ ܕܡܫܝܚܐ ܘܐܬܚܙܝ ܐܝܟ ܠܗܘܢ ܐܦ ܘܐܬܚܙܝܢ ܗܘ ܡܢ : ܐܬܐ ܠܡܫܝܚܐ : ܐܡܪ ܗܘ ܐܢܘܢ ܠܗ ܘܐܬܚܙܝܘ : ܠܗ ܘܐܬܐ ܡܫܝܚܐ ܠܡܫܝܚܐ ܕܐܬܡܫܚܘ ܘܡܫܝܚܐ ܘܐܬܚܙܝ ܗܘܐ ܐܬܚܙܝܘ ܗܘܘ (ܐܦ supra lineam add.) ܡܫܝܚܐ ܡܢܗܘܢ ܗܘܐ ܠܐܬܚܙܝ ܐܦ ܘܠܐ ܢܦܫܐ ܕܡܫܡܫܢܐ ܕܐܬܐ. ܘܐܬܚܙܝ ܘܠܟܠܗܘܢ : ܠܡܫܟܢܐ ܘܐܬܚܙܝ ܘܐܬܐ. ܘܐܦ ܡܢܗܘܢ ܐܝܟ ܕܐܬܐ ܐܢܫܐ... ܘܐܬܐ] ܡܫܟ ܐܬܐ] 11 ܗܘܐ om. — ܐܬܪܐ] ܐܬܐ — ܐܬܚܙܝ 12 ܘܐܬܐ om. — 13 ܐܬܐ] ܡܫܝܚܐ — 10 ܐܢܫܐ ܡܫܟܢ — post ܡܫܟܢܐ legitur : ܗܘܐ ܘܐܬܐ ܗܘܘ ܕܝܢ ܠܡܢ ܘܐܬܐ ܡܫܝܚܐ — 15 ܘܐܬܐ — ܡܫܟܢܐ ܘܐܬܐ ܘܐܬܚܙܝܘ ܕܡܫܝܚܐ : ܕܐܬܐ ܗܘܐ ܗܘ ܡܢ ܡܫܝܚܐ. ܘܐܬܚܙܝܘ ܡܢ ܐܬܐ ܕܐܬܐ ܗܘ ܐܬܐ ܐܢܫܐ ܘܐܬܐ — ܐܡܪ ܡܫܝܚܐ... om. — 16-17 ܡܫܡܫܢܐ ... ܘܐܦ ܐܬܚܙܝ] ܐܬܪܐ ܘܐܬܐ ܘܐܬܐ — 17 ܡܫܟܢܐ ... ܐܬܐ] ܐܬܚܙܝܘ : ܘܐܬܐ ܘܐܬܐ ܘܐܬܚܙܝ — 18 ܡܫܟ om.

ܒܡܟܝܟܝܢ ܐܦܪܘܡܘܢ ܒܡܠܬ ܠܣܦܪܘܗܝ ܢܗܘܪܝܗ ܕܡܫܝܚܐ ܡܪܢ ܢܡܘܣ: ܐܡܝܢܐ ܕܐܠܗܐ ܕܐܡܝܢܐ ܢܗܘܐ ܠܦܗܪܐ ܗܘ ܡܫܝܚܐ. ܗܠܝܢ ܕܝܢ ܡܫܬܪܘܗܝ ܕܡܪܝܡܝܢ ܗܘܘ ܠܗܠܗ ܡܬܠܗܠܗ ܓܐ ܕܘܡܘ ܢܗܘܪܐ. ܣܓܝܢ ܗܘܘ ܕܝܢ ܒܟܠܟܠܐ: ܡܟܐܡܪܡܐ ܗܘ ܡܒܝܪ ܕܣܓܪܘ: ܡܫܬܡܥܝܢ ܗܘܘ ܠܗ. ܡܢ ܩܥܡ ܗܘܐ ܠܗܘܢ ܫܡܪܢܐ ܢܣܒܘ ܠܗܠܘܢ ܩܛܠܝܒܐ ܕܕܝܪܐ: ܐܡܝܢܐ ܕܩܥܡܐܠܬ ܢܗܘܐ ܫܡܪܢܘܗܝ. ܘܡܒܝܢ ܐܡܪܘ ܠܩܠܝܠ ܕܝܪܐ ܕܡܫܡܝܢ: ܣܠܝ ܡܪܢ ܡܬܠܘܠ ܕܐܝܟ ܒܡܪܝ ܩܠܝܠܬܐ: ܟܠ ܡܢܝܚܝܢ ܕܒܬܪ ܗܘܒܐ ܓܝܪ ܗܘܐ ܒܢܝܗܐ. ܐܟܠ ܡܟܡܢܝܢ ܠܗܠܗ ܡܢ ܡܕܝܢ ܡܟܡܪܐ ܡܬܟܠܬܐ: ܐܡܝܢܐ ܕܡܢ ܙܒܢܐ ܡܢܝܢܐ ܡܡܫܠܡܢ: ܢܛܪ ܠܢ ܡܬܟܠܢܘܬ ܒܐܠܗܝܢܘܬܐ: ܒܡܡܪܐ ܡܫܝܚܐ ܕܡܪܢ ܘܠܗ: ܐܟܐ ܙܠܗ ܠܟܠܢ. ܡܢ ܐܠܗ ܡܢ ܐܡܢ: ܐܠܗ ܒܝܡܐ ܠܥܠܡܝܢܐ ܒܗ ܗܘܩܢܝܢ: ܢܗܪܐ ܕܝܢ ܗܘ ܕܗܒܐ ܒܪܒܬܐ ܡܢܚܝܪܘ: ܡܡܘ ܒܟܠܟܠܐ ܡܡܠܟܘܢ ܠܢܗܪܘ ܕܡܫܝܚܐ ܡܪܢ ܢܡܘܣ: ܡܝܢܘܗܝ ܒܟܝܬܐ: ܡܬܠ ܒܡܪܐ ܡܬܟܠܬܐ ܡܬܠܗ ܣܛܝܘܗܝ ܠܥܠܡܝܢܐ: ܐܝܟ ܡܢܐ ܕܢܘܡܘ ܠܫܒܪܐ܀ ܠܩܕܝܫܐ ܕܝܢ ܩܠܝ ܕܝܪܐ ܕܡܫܡܝܢ ܒܗ ܡܡܘ ܒܪܥܐ ܡܢܘ ܕܢܩܫܘܠ ܢܗܪܘ ܕܡܫܝܚܐ: ܐܬܡܘ ܡܠܘܗܝ ܒܒܬܐ ܡܬܢܝܚܬܐ. ܡܬܠ ܩܠܝܢ ܐܠܗ ܒܐܬܪܘܗܝ: ܡܟܠ ܐܡܫܘ ܐܢܘܢ: ܘܡܫܘ ܠܒܝܬܗܘܢ ܒܗ ܐܫܠܡܝܢ. ܠܩܕܝܫܐ ܕܝܢ ܐܡܫܠܗ ܡܢ

1 ܒ ante ܒܡܟܝܟܝܢ om. — ܐܦܪܘܡܘܢ — ܒܡܠܬ om. — 2 ܡܫܝܚܐ ... ܕܐܠܗܐ ܘܐܠܗܐ — 3-4 ܟܠܟܠܐ ... ܕܝܢ ܗܠܝܢ] ܡܫܬܪܘܗܝ ܗܠܝܢ — ܢܗܘܪܐ (lege ܢܗܘܪܝܗܘܢ) ܠܦܗܪܐ ܗܘ ܡܫܝܚܐ ante ܗܘ — ܡܫܝܚܐ. — ܕܣܓܪܘ ܢܗܘܪܐ ܕ ܡܫܬܪܘܗܝ ܠܗܠܘ — 5 ܕܣܓܪܘ] ܡܫܬܡܥܝܢ ܗܘܘ ܒܟܠܟܠܐ. ܡܫܡܪܢܐ add. — 6 ܕܩܥܡܐܠܬ ܢܗܘܐ L; duo verba, qui ܐܡܝܢܐ in B sequuntur, magna ex parte deleta sunt, et legere non potui. — 7 ܫܡܪܢܘܗܝ] ܫܡܪܢܘܗܝ — ܕܣܠܝ — 8 ܡܬܟܠܬܐ] ܡܬܟܠܬܐ — ܗܘܒܐ om. — 9 ܒܢܝܗܐ] ܡܢܝ — ܡܕܝܢ, ܡܕܝܢ — ܣܪܐ ante ܡܟܡܪܐ [ܐܢܘܢ — ܘܡܡܫܠܡܢ add. — 10 ܡܬܟܠܬܐ — 11 ܗܘ ante ܒܐܠܗܝܢܘܬܐ add. — ܡܫܝܚܐ om. — 11 ܕܡܪܢ ܘܠܗ — ܒܐܠܗܐ ܕܡܬܟܠܝܢ [ܒܝܡܐ ܠܥܠܡܝܢܐ — ܒܗ — ܐܟܐ ܙܠܗ] 12 ܘܒܬܪ ܡܪܢ ܗܘܐ [ܐܠܗ — ܡܠܟܘ ܒܟܠܟܠܐ post ܡܡܠܟܘܢ add. — 13 ܡܢܚܝܪܘ post ܢܗܪܐ ܕܝܢ in margine add. — ܠܢܗܪܘ ܡܫܝܚܐ — 14 ܠ ante ܢܗܪܘ om. — ܒܟܝܬܐ — 15 ܡܬܠܗ post ܡܬܟܠܬܐ add. — ܡܬܠܗ — ܠܥܠܡܝܢܐ (sic semper) — ܠܗܠܗ ܣܛܝܘܗܝ — 16 ܕܢܘܡܘ ܠܫܒܪܐ] ܕܡܫܡܝܢ — ܕܝܪܐ] ܡܢܘ ܒܪܥܐ — ܐܬܡܘ ܡܠܘܗܝ] — 17 ܠܒܝܬܗܘܢ — ܐܡܫܠܗ — 18 ܘܐܬܡܘ post ܡܬܢܝܚܬܐ add. — ܐܢܘܢ] ܡܢ

ܘܒܫܬܝܢܐ: ܩܪܘ ܘܐܬܟܢܫܘ: ܘܫܕܪܘ ܪܗܛܐ ܠܟܠܗ ܡܕܝܢܬܐ: ܟܕ ܛܥܝܢܝܢ ܗܘܘ ܫܠܕܗ ܩܕܝܫܐ ܥܡ ܥܕܬܐ ܐܦܣܩܘܦܐ ܘܡܠܦܢܘܗܝ ܘܒܢܝ ܡܕܝܢܬܐ: ܢܦܩܘ ܠܐܘܪܥܗ ܒܙܡܪܐ ܘܒܫܘܒܚܐ ܘܒܬܫܒܘܚܬܐ ܘܐܥܠܘܗܝ ܠܓܘܗ ܡܕܝܢܬܐ: ܟܕ ܡܠܝܢ ܠܗ ܒܬܫܒܘܚܬܐ ܪܘܚܢܝܬܐ: ܘܬܘܕܝܬܐ ܕܐܠܗܐ ܩܕܝܫܐ ܣܝܡܝܢ ܒܥܕܬܗܘܢ ܘܡܢܗܘܢ ܥܠܝܗ: ܒܥܘܡܪܐ ܕܦܣܝܠܬܐ: ܒܥܕܬܐ ܕܒܢܐ ܗܘܐ ܗܘ ܩܕܝܫܐ ܒܚܝܘܗܝ. ܘܐܬܬܢܝܚ ܬܡܢ ܠܥܘܕܪܢܐ ܘܠܐܣܝܘܬܐ ܕܟܠܗܘܢ ܒܢܝܢܫܐ. ܘܠܐܝܩܪܐ ܘܠܬܫܒܘܚܬܐ ܕܡܫܝܚܐ ܐܠܗܢ. ܗܘ ܕܠܗ ܘܠܐܒܘܗܝ ܥܡ ܪܘܚܗ ܩܕܝܫܐ: ܫܘܒܚܐ ܘܐܝܩܪܐ ܘܣܓܕܬܐ ܘܪܘܡܪܡܐ: ܗܫܐ ܘܒܟܠܙܒܢ ܘܠܥܠܡ ܥܠܡܝܢ ܐܡܝܢ.

ܫܠܡܬ ܬܫܥܝܬܐ ܕܡܪܝ ܝܥܩܘܒ ܐܦܣܩܘܦܐ ܕܐܘܪܗܝ ܀

ܐܬܟܬܒܬ ܕܝܢ ܬܫܥܝܬܐ ܗܕܐ ܒܫܢܬܐ ܕܡܪܝ ܐܒܘܢ ܩܘܪܝܩܘܣ ܘܦܛܪܝܪܟܐ ܕܕܪܐ ܕܐܢܛܝܘܟܝܐ. ܒܫܢܬ ܡܢ ܦܛܪܝܪܟܘܬܐ ܕܫܢܬܐ ܕܠܗ ܕܥܣܪܐ. ܫܢܬ ܐܠܦ ܘܡܐܐ ܘܬܠܬܝܢ ܕܝܘܢܝܐ.

1 ... om. — ... 2 ... om. — ... 3 ... — ... 4 ... — B — post ... legitur ... — ... 6 ... — ... 7 — ... 8 ... om. — ... 9 ... — ... om. — 10 ... — 10-11 ... — 12-15 ... om. — ...

TRADUCTION

Traité de Mar Cyriaque, évêque d'Amid (1), *sur saint Mar Jacques.*

Après donc que l'évêque Jacques eut quitté depuis un certain temps le saint couvent de Phesiltha (2) pour se rendre auprès de Notre-Seigneur (3), et que le patriarche Mar Athanase (4) eut

Variantes principales du ms. de Londres.

En-tête : *Traité de saint Mar Cyriaque, évêque de Mardin* (1), (*racontant*) *comment les ossements de saint Mar Jacques sont venus du couvent de Kasion dans son couvent.*

3 le saint évêque. — 4 le couvent.

(1) Sur Mar Cyriaque, évêque d'Amid d'après le ms. de Berlin, et évêque de Mardin d'après le ms. de Londres, cf. p. 17.

(2) Le couvent de Phesiltha était situé près de la ville de Tella (Land, *Anecd. syr.*, II, 365, 6-7). Il était aussi appelé couvent de [illegible] d'après l'*add.* 12174 (Land, *ibidem*), ou de [illegible] d'après le ms. *Sachau* 321 (fol. 167 *a*). Ces deux formes semblent représenter le mot [illegible] στρατηλάτης, bien qu'on ne s'explique pas très bien qu'un couvent se soit appelé « couvent du général ». Le plus sage est peut-être de s'en tenir, du moins pour le moment, à la forme du ms. de Berlin, ce ms. étant plus correct que celui de Londres, comme nous le verrons tout à l'heure.

(3) Jacques Baradée mourut en 578 (Pseudo-Denys de Tellmahré chez Assémani, *Bibliotheca orientalis*, I, 424, ou Nau, *Analyse des parties inédites de la Chronique attribuée à Denys de Tellmahré*, Paris, 1898, p. 71, et Bar-Hébraeus, *Chronicon Ecclesiasticon*, I, 243), le 30 juillet (Bar-Hébraeus, *ibid.*). Le *Liber Chalipharum* place sa mort au 31 juillet 577 (Land, *Anec. syr.*, I, 14 et 113).

(4) Mar Athanase, surnommé *Gamala* (le chamelier), devint patriarche d'Antioche en 595 d'après Michel le Syrien (*Revue de l'Orient chrétien*, t. IV, p. 447); en 595 ou 597 d'après Bar-Hébraeus (*Chr. Eccl.*, I, 261); en 603/4 d'après Denys (le véritable) de Tellmahré (Chabot, *Chronique de Denys de Tellmahré*, Paris, 1895, p. 3) et le *Liber Chalipharum* (Land, *Anec. syr.*, I, 14 et 113). Il mourut en

été élevé sur le trône du grand Pierre (1), l'empereur des Romains, Phocas (2), chassa de nouveau les évêques orthodoxes de leur trône, et les remplaça pa des hérétiques. Mais, sur la décision de Dieu, le roi des Perses, Chosroès, fils d'Hormizd, arriva, et fit la conquête de toute la région orientale de l'Euphrate (3). Puis, inspiré par Dieu et conseillé par la reine Chirin,

4 sur la décision juste de Dieu. — 5 et s'empara en peu de temps. — 6 Puis, inspirés par Dieu, le roi et la reine Chirin ordonnèrent de chasser tous les évêques chalcédoniens de la région située à l'est de l'Euphrate et de mettre, etc.

631 selon Bar-Hébraeus (p. 275) et le *Liber Chalipharum* (LAND, *ibid.*); en 635 selon Michel le Syrien (*Revue de l'Orient chrétien*, t. IV, p. 447); en 643/4 selon Denys de Tell-Mahré (CHABOT, *op. cit.*, p. 7). On remarquera que Denys place l'année de l'élévation d Athanase sur le trône épiscopal d'Antioche et celle de sa mort, une dizaine d'années plus tard que les autres historiens. Sur les erreurs dans les données chronologiques de Denys et particulièrement dans celles qui sont basées sur l'ère des Séleucides, cf. CHABOT, *op. cit.*, Introduction, p. XXXIII, note 1. Dans sa notice sur Athanase, Michel le Syrien dit qu'il exerça quarante-cinq ans. Ce chiffre de quarante-cinq ans doit avoir été emprunté par Michel à une source où l'on ajoutait aux années du patriarche Athanase celles de son prédécesseur Julien (cf. sur ce point la note suivante). Si l'on ajoute, en effet, 45 à 590/1, date de la mort de Pierre, prédécesseur de Julien, on obtient 635/6 pour l'année de la mort d'Athanase.

(1) Il s'agit de Pierre, né à Callinice en Mésopotamie, qui fut patriarche d'Antioche de 578 (pseudo-Denys de Tellmahré, *Bibl. orient.*, II, 69, ou NAU, *op. cit.*, p. 71) à 591 (Michel le Syrien, *R. O. Ch.*, IV, 447; Denys de Tellmahré, CHABOT, *op. cit.*, p. 3; Bar-Hébraeus, *op. cit.*, p. 257); à 590 (le 22 avril, *Liber Chalipharum*, LAND, *Anec. syr.*, I, p. 14 et 113). D'après Denys de Tellmahré, comme aussi d'après le récit de Cyriaque, semble-t-il, Athanase succéda directement à Pierre; par contre, Michel le Syrien et Bar-Hébraeus, ainsi que d'autres historiens, donnent comme successeur immédiat à Pierre son syncelle, Julien. Les divergences entre les historiens syriens relativement à la durée du patriarcat d'Athanase, proviennent, semble-t-il, de ce que les années de Julien ont été parfois attribuées à Athanase, et qu'elles ont ensuite donné lieu à de faux calculs.

(2) Nous n'avons trouvé mentionnée nulle part ailleurs la persécution contre les Monophysites que Cyriaque attribue à Phocas (602 à 610). Bar-Hébraeus (cf. page suivante, note 1) rapporte que les Monophysites ont été persécutés sous le règne de Maurice (582-602) par l'évêque de Mélitène, Domitien.

(3) Chosroès, fils d'Hormizd, c'est-à-dire Chosroès II, surnommé *Parvéz*, « le conquérant », monta sur le trône en 590 (été); il en fut chassé le 25 février 628, et mis à mort trois jours après. — Sous prétexte de venger la mort de l'empereur Maurice « son père », que Phocas avait lâchement fait périr avec cinq de ses fils (nov. 602), Chosroès envahit l'empire romain. Après avoir remporté une grande victoire à Ἀρξαμοῦν en 603/4 (Théophane, A. M. 6096), les Perses s'emparèrent en 605/6 de Daras, puis de toute la Mésopotamie et de la Syrie (Théophane, A. M. 6098). Le *Liber Chalipharum* (LAND, *Anecd. syr.*, I, p. 16 et 115) dit que les Perses s'emparèrent de toutes les villes situées à l'est de l'Euphrate en l'année des Grecs 921 (610), et que l'Euphrate devint la frontière en l'hiver de cette année.

il chassa les évêques chalcédoniens des villes de la région orientale de l'Euphrate, et mit à leur place des orthodoxes, c'est-à-dire, à Amid, Mar Samuel, à Édesse, Mar Isaïe, à Reschaina, Mar Adai, à Tella, Mar Zachai, et (il agit) de même pour tout lieu et toute ville, (chacun) adhérant en toute chose au bienheureux patriarche (1).

4-5 et de même en tout lieu et toute ville, furent établis des prêtres et des clercs adhérant au bienheureux patriarche.

(1) Bar-Hébraeus raconte les mêmes événements de la façon suivante (*Chr. Eccl.*, I, 263) : « En ce temps-là, après l'assassinat de l'empereur des Grecs, Maurice, et après la conquête de la Mésopotamie et de la Syrie par les Perses, Chosroès envoya à Édesse un évêque nestorien du nom d'Aḥischma. Celui-ci n'ayant pas été reçu par les fidèles, il envoya l'évêque Jean, l'un des nôtres, qui fut accueilli avec joie. Chosroès ordonna ensuite de chasser tous les évêques chalcédoniens de toute la Syrie, et nous rentrâmes en possession de toutes les églises et tous les couvents qui nous avaient été enlevés du temps de Maurice par Domitien, l'évêque nestorien (= chalcédonien) de Mélitène, qui avait suscité une persécution contre les Syriens. De plus, Chosroès fit mettre trois évêques orthodoxes orientaux à la tête des diocèses de la Syrie : Isaïe obtint Édesse, car Jean était retourné dans son pays; Samuel, Amid; et un autre, Tella de Mauzelat. Mais les habitants des campagnes ne voulaient pas recevoir les évêques qui avaient été envoyés par Chosroès, parce qu'ils avaient été créés par le maphrien d'Orient, alors que les diocèses en question appartenaient au patriarche et non au maphrien. Lorsqu'il apprit ces choses, le patriarche Athanase donna l'ordre à Cyriaque d'Amid, qui avait été persécuté par les Chalcédoniens, de visiter les fidèles d'Amid et de toute la Mésopotamie. Mais les évêques orientaux s'irritèrent contre Cyriaque, et se disputèrent avec lui et le menacèrent même de (la colère de) Chosroès. Quoi qu'il en soit, c'étaient des évêques de notre parti qui gouvernaient ces sièges ».

La reine Chirin, qui était chrétienne, eut toujours une grande influence sur Chosroès. Elle le fit prendre part aux querelles des Nestoriens et des Monophysites, et le détermina à intervenir en faveur de ces derniers, bien qu'ils fussent moins nombreux et moins sympathiques que les Nestoriens en Perse. Cf. *Encyclopaedia Britannica* s. v. Persia (Nöldeke), vol. XVIII, p. 614, col. 1 *in fine*. — Deux des évêques monophysites cités par Cyriaque ne semblent pas être connus par ailleurs : Mar Adai (Reschaina) et Mar Zachai (Tella); Isaïe (Édesse) est mentionné par Bar-Hébraeus (passage traduit plus haut) et par Jacques d'Édesse (Brooks, *The Chronological Canon of James of Edessa*, ZDMG., t. LIII, p. 323); Samuel (Amid), par Bar-Hébraeus tout seul. Mar Zachai, qui exerçait encore en 622 d'après le récit de Cyriaque, doit avoir eu pour prédécesseur monophysite Paul, qui composa l'Hexaplaire syriaque en 616-617, à la demande du patriarche Athanase (cf. Duval, *La littérature syriaque*, p. 64). Samuel eut pour prédécesseur chalcédonien Siméon et pour prédécesseur monophysite Cyriaque (cf. plus loin notre notice sur Cyriaque). Quant aux évêques qui occupèrent le trône épiscopal d'Édesse immédiatement avant Isaïe, on peut en dresser, semble-t-il, la liste comme suit : 1° Sévère (monophysite) qui devint évêque d'Édesse en 578 (Nau, *Analyse*, etc., p. 71) et qui fut lapidé par Narsès en 603 (Chabot, *Chronique de Denys de Tellmahré*, p. 3; la date de Denys est confirmée par Théophane, A. M.

En ce temps-là donc, Mar Zachai, évêque de Tella, ayant appris à connaître la sainteté du bienheureux Mar Jacques, brûla de zèle pour le Seigneur et pour cette âme sainte, et s'appliqua avec sollicitude à munir quatre bienheureux de son couvent (= le couvent de Jacques, c'est-à-dire le couvent de Phesiltha) et deux clercs de la ville d'une monture rapide et d'argent, afin de les envoyer au couvent de Casion (1) pour en dérober (le bienheureux Jacques) qui s'y était endormi. Il leur imposa comme loi d'agir ainsi, puis les envoya. Ils partirent en l'an 933 des Grecs (622 de J.-C.). En ce temps, l'empereur des Romains, Héraclius, arriva, s'empara de toute la région orientale de l'Euphrate, et chassa les Perses jusqu'à Nisibe, qui constitue la frontière (2). Les moines s'en allèrent pendant les jours du

6 ainsi que d'argent en quantité suffisante. — 7 pour en ramener le corps du bienheureux Jacques qui s'y était endormi. — 10 l'empereur des Grecs. — 13 Après le mot « la frontière », on lit dans le ms. de Londres : « entre les Grecs et les Perses ; et Héraclius suscita une persécution contre l'Église parce que l'évêque d'Édesse, Isaïe, ne lui avait pas donné la communion dans la grande église d'Édesse : l'évêque ne voulait pas donner la communion au roi à moins qu'il n'anathématisât par écrit le concile de Chalcédoine. Pour ce motif, les chrétiens qui furent forts et persévérèrent (dans leur foi) furent opprimés sans fin : ceux qui faiblirent, retournèrent à l'hérésie de Chalcédoine (3). En ce temps-là, les moines, etc. »

605) ; 2° (?) Paul (monophysite) et Théodose (chalcédonien) cf., Brooks, *op. cit.*, p. 322 ; 3° Abischma (nestorien) ; 4° Jean (monophysite), cf. Bar-Hébraeus, *l. l.* Isaïe fut chassé du trône épiscopal d'Édesse par Héraclius en 629, cf. plus bas, note 3.

(1) Désirant rétablir la paix entre les fidèles d'Alexandrie, Jacques Baradée était parti pour cette ville. Arrivé au couvent de Casion, il tomba subitement malade et mourut au bout de quelques jours. Le couvent de Casion, qui était aussi appelé couvent de saint Romanus, était situé à la frontière et sur le territoire de l'Égypte (Jean d'Éphèse, *Histoire Ecclésiastique*, IV, 33 ; p. 165 trad. Schönfelder ; Vie de Jacques Baradée attribuée à Jean d'Asie chez Land, *Anec. syr.*, II, p. 382, l. 24-26 ; Bar-Hébraeus, *Chron. Ecclés.*, I, 243). Le nom de ce couvent doit donc être identifié avec celui du mont Κάσιον « qui séparait », comme le dit Hérodote (II, 158), « l'Égypte de la Syrie (la Palestine) ».

(2) Sur ces événements, cf. p. 18.

(3) Héraclius arriva à Édesse vers la fin de l'année 629. Théophane raconte en effet (A. M. 6120) qu'Héraclius, après avoir rapporté à Jérusalem la sainte croix (en 629 ; l'exaltation de la croix eut lieu, comme on le sait, le 14 septembre 629), se rendit à Édesse « et restitua aux orthodoxes l'église occupée par les Nestoriens (lisez : les Monophysites) sous Chosroès ». — Bar-Hébraeus fournit sur l'arrivée d'Héraclius à Édesse en 629 les renseignements suivants (*Chron. Ecclés.*, I, 269-271) : « Après l'assassinat du roi des Perses, Chosroès, par son fils (25 février 628), Héraclius, après être de nouveau rentré en possession de la Syrie, se rendit à

chaste Mar Étienne, surnommé *Chebilaia* (?), supérieur du couvent. Étant allés, et étant parvenus au couvent de Casion, ils y entrèrent et prièrent. Puis ils s'approchèrent et furent bénis par saint Mar Jacques et par les frères de là. Interrogés sur le lieu où ils se rendaient, ils répondirent : « Nous sommes des ambassadeurs envoyés par l'Église de Syrie au patriarche (ܦܛܪܝܪܟܐ) d'Alexandrie. » Ils furent alors reçus avec grand honneur. Après être restés là deux jours, l'un de ces moines ambassadeurs, selon ce qui avait été résolu et machiné entre eux en route, poussa des hurlements, en proie à des convulsions et l'écume à la bouche, puis se mit à délirer. Ses compagnons furent alors bouleversés et commencèrent à pleurer. Pleins de tristesse, ils attachèrent leur camarade au sarcophage (*gourna*)(1) de saint

ils entrèrent à l'église. — Puis ils s'approchèrent] manque. — 4 et par les frères de là] et ils saluèrent les frères de là. — 7 Après les mots « avec grand honneur » on lit : « Or, pendant la route ils avaient pris la résolution suivante : « Quand nous arriverons au couvent, l'un de nous deviendra volontairement malade, afin qu'il » puisse de cette manière s'approcher du lieu du saint. » — 9 selon ce qui avait été résolu et machiné entre eux en route] manque. — 11 puis se mit à délirer] manque.

Édesse. Le peuple, les prêtres et les moines sortirent à sa rencontre. Il admira et loua la multitude des moines, et dit à l'un de ses coreligionnaires : « Il ne convient pas que nous laissions ce peuple admirable en dehors de nous ». Le jour de fête étant arrivé, il descendit à notre église, et fit de grands cadeaux à tout le peuple, espérant l'amener par là à recevoir le concile de Chalcédoine. Après l'accomplissement du sacrifice divin, l'empereur s'approcha pour participer aux saints Mystères (au sacrement de l'eucharistie), selon la coutume des rois chrétiens. Mais Isaïe, le métropolitain d'Édesse, enflammé par son zèle, retint l'empereur des Mystères, et lui dit : « Si tu n'anathématises pas le concile de Chalcédoine par écrit, je ne te permettrai pas de participer aux Mystères ». L'empereur s'irrita alors et chassa l'évêque Isaïe de la grande église, et la donna aux Chalcédoniens. » — Cf. aussi l'*Historia Saracenica* d'El Macin (traduction latine d'Erpenius, Leyde, 1625, in-4°), p. 17 : « *Syroes autem Cosroae filius Legatos misit ad Heraclium : pacem ab eo petens, quam et obtinuit, sed ea conditione, ut restitueret ei quidquid pater ejus eripuerat Romanis. Et cum statueret Heraclius in Syrias proficisci, oneris id, loco ejus, suscepit frater ejus Theodorus; quem jussit Persas omnes e Mesopotamia et Syriis in regionem eorum educere. Hic itaque, loco illius, profectus, civitates singulas est ingressus : et Constantinopolim est reversus. Deinde profectus est Heraclius Ruham* (= Édesse) *jussitque Christianos reverti a secta Jacobitica ad orthodoxam; id quod fecerunt. Substitit autem Ruhae annum integrum.* »

(1) Le *gourna* (ܓܘܪܢܐ) correspond au σορὸς λιθίνη des Vies grecques. Un canon de Rabboulas, cité par Bar-Hébraeus dans son *Nomocanon*, prescrivait de l'*enterrer* : [illegible] (*Bibl. orient.*, II, cxi.). Payne-Smith

Mar Jacques, afin qu'il apprît comment il déroberait son saint corps. Eux, ses compagnons, dormaient à ses côtés, auprès du tombeau, à cause de lui. Or, pendant la nuit, ils creusaient, et pendant le jour, ils recouvraient ce qu'ils avaient creusé. Lorsque leur tâche fut sur le point d'être achevée, ils s'emparèrent des clefs du couvent afin de pouvoir exécuter facilement leur projet. Ils dirent alors aux moines du couvent de Casion : « Nous autres, seigneur, comme nous avons des lettres avec nous, nous ne pouvons pas rester ici auprès de ce malade. Nous laisserons cependant l'un de nous auprès de lui, ainsi qu'une monture rapide, afin que, si Dieu veut qu'il guérisse, il nous rejoigne vite à Alexandrie, dans le saint couvent de sainte (mot à mot Notre-Dame) *Zoli* (Zoé?). Priez pour nous ». Quant à l'homme qui avait fait l'insensé par ruse et à son compagnon, ils se levèrent pendant la nuit, prirent le corps de saint Mar Jacques et l'enveloppèrent dans de la soie; puis, sur leur monture rapide, ils allèrent rejoindre leurs compagnons en Palestine, selon le rendez-vous qu'ils s'étaient donné. Les bienheureux moines du couvent de Casion s'étant levés à l'aurore, et ayant vu que le corps du saint avait été enlevé, pleurèrent et gémirent à haute voix; ils poursuivirent (les voleurs) dans toutes les directions, mais ne les rencontrèrent pas, et revinrent tout tristes à leur couvent. Les bienheureux (moines du couvent de Phesiltha) quittèrent, eux et les clercs, la Palestine, et se rendirent rapidement à la ville de Tella, portant avec eux le saint corps (de Jacques). L'évêque, le clergé et les habitants de la ville ayant appris la chose, allèrent à la rencontre du

1-2 afin qu'ils (pussent) s'occuper de dérober. — 8 seigneur] mes frères. — 9 rester auprès de notre compagnon — 12-13 dans le couvent de Mar Zoïle. — 16-17 puis le placèrent sur leur monture rapide et allèrent. — 20-21 poussèrent de hauts cris, et pleurèrent et gémirent et se lamentèrent à haute voix. — 22 mais ne les rencontrèrent pas], mais ne trouvèrent rien. — 24 eux et les clercs] manque. — 25 portant le corps du saint. — 26 Les évêques.

(*Thesaurus* s. v.) rattache *gourna* au mot latin *urna*, dont il a les significations et au mot grec γοῦρνα, que des *Glossae graeco-barbarae* cités par Ducange (*Glossaire grec*, p. 262) font synonyme de ὑδρία, κόγχη « cruche, vase ». Il n'est pas impossible que *gourna* soit le latin *urna*, mais nous avons peine à croire que le mot γοῦρνα, qui n'apparaît dans aucun texte littéraire, ait servi d'intermédiaire entre le latin *urna* et le syriaque *gourna*.

corps avec des flambeaux et des parfums, et (en chantant) des hymnes. Ils lui firent faire le tour de toute la ville, en l'accompagnant de chants spirituels et de cantiques du Saint-Esprit. Alors ils l'ensevelirent et le placèrent dans son couvent, le couvent de Phesiltha, dans le temple que le saint avait construit de son vivant. Et il est là pour le secours et la guérison de tous, et pour l'honneur et la gloire du Messie, son Dieu, auquel soit, ainsi qu'à son Père et à son saint Esprit, gloire, honneur et glorification, maintenant et en tout temps, et dans les siècles des siècles. Amen.

2 des hymnes et des cantiques. — 4-5 Alors ils l'ensevelirent... de Phesiltha]. Et alors ils arrivèrent à son couvent, l'ensevelirent, et l'y placèrent avec grand honneur, parce qu'il avait été élevé et instruit dans le couvent de Phesiltha. — 5-6 dans le temple... de son vivant] manque. — 6 de tous ceux qui se réfugient auprès de sa châsse. — 7 notre Dieu. — 8 au saint Esprit. — 8-9 et glorification, maintenant et en tout temps] manque.

Souscription : Est finie la Vie de saint Mar Jacques de Phesiltha, surnommé Baradée. Que sa prière soit avec nous dans tous les siècles.

Nous avons omis à dessein de traduire la notice qui suit le récit de Cyriaque dans le ms. de Berlin : l'interprétation en présente quelques difficultés.

D'après le résumé que M. Sachau en a donné (1), nous sommes autorisé à la traduire en son nom de la façon suivante : « Est terminée l'histoire de Mar Jacques d'Édesse. Cette histoire a été *transcrite à l'instigation* de Mar Theudas (Théodose?), prêtre et stylite du couvent de Phesiltha, dans les jours d'Étienne, higoumène de ce couvent, en l'an 1052 de Séleucus. »

De cette notice ainsi interprétée, M. Sachau tire la conclusion suivante : « L'écrit n° 13 (la Vie de Jacques Baradée) a été transcrit en 1052 de l'ère des Séleucides, c'est-à-dire en l'an 741 ap. J.-C.; or, comme le manuscrit présente partout la même écriture, il a été écrit tout entier à la même époque. »

Ni la façon dont M. Sachau a traduit cette notice ni la conclusion qu'il a tirée de sa traduction ne nous paraissent présenter de grandes garanties de certitude. Mais avant d'aborder

(1) *Verzeichniss der syrischen Handschriften der königlichen Bibliothek zu Berlin*, Berlin, 1899, in-4°, t. I, p. 100, col. 2.

ces deux points, il nous faut d'abord dire quelques mots de la Vie de Jacques Baradée par pseudo-Jean d'Asie, et de l'écrit de Mar Cyriaque.

*
* *

Le IIe volume des *Anecdota syriaca* de Land contient, outre la Vie de Jacques Baradée, attribuée à tort à Jean d'Asie, et éditée, comme nous l'avons dit plus haut, d'après l'*add.* 12174, une autre Vie, plus courte, de ce même personnage monophysite, qui a réellement Jean d'Asie pour auteur.

Cette dernière Vie forme les chapitres XLIX et L des *Commentarii de beatis Orientalibus* de Jean d'Asie (1). Elle décrit, au chap. XLIX, l'activité de Jacques depuis son arrivée à Constantinople jusqu'en 566, puis nous fait connaître, au chap. L, les nombreux évêques déjà consacrés par Jacques à cette époque. Elle ne nous apprend rien sur la jeunesse de Jacques; d'autre part, comme elle a été écrite en 566, elle ne peut pas nous parler de la fin de sa carrière (578).

La *Vita spuria*, par contre, est une Vie complète, commençant à la naissance du fondateur de l'Église jacobite et allant jusqu'à sa mort. Le regretté orientaliste hollandais H. G. Kleyn a bien montré dans son étude sur Jacques Baradée que cette Vie ne pouvait pas être de Jean d'Asie, et qu'elle n'était, en grande partie, qu'une amplification des chap. XLIX et L des *Commentarii de beatis Orientalibus* (2).

(1) LAND, *op. cit.*, p. 249, l. 19 — 257, l. 16: dans la traduction latine de Van Douwen et Land, p. 159-164. Les *Commentarii de beatis Orientalibus* nous sont parvenus dans l'*add.* 14647, qui est daté de 688 ap. J.-C.

(2) KLEYN, *Jacobus Baradaeus*, p. 105-109. « Après l'introduction, p. 364 (de la *Vita spuria*), nous trouvons, dit Kleyn, l'histoire du séjour de Jacques en Syrie, qui manque dans A (= les chap. XLIX et L des *Commentarii*), où il n'y a à ce sujet que quelques lignes, p. 249 et 250. Le récit de la p. 368 correspond très bien à celui de la p. 250, et les p. 369-371 sont la reproduction, avec quelques petits changements, des p. 254-257 (les consécrations d'évêques). A la p. 371, nous retrouvons la p. 250 (dernière moitié) et la p. 251 (première moitié). Viennent ensuite quelques miracles, p. 372 et 373. La p. 374 correspond de nouveau à la p. 251, la p. 375 contient de nouveau un miracle, puis nous obtenons la suite des p. 251 et 252. L'auteur de la *Vita spuria* continue alors à reproduire, à peu près dans les mêmes termes, le récit de A jusqu'à la fin, en y mêlant seulement des miracles. Une fois arrivé là, il se met à raconter à cœur joie des miracles, et termine par le récit de la mort de Jacques ».

L'*add.* 12174 et le *Sachau* 321 ne contiennent pas, ainsi que nous l'avons déjà dit, la même rédaction de la Vie de Jacques Baradée par pseudo-Jean d'Asie. Les en-têtes d'abord ne sont pas les mêmes (1), ensuite le texte lui-même diffère assez bien. Le ms. de Berlin ne commence qu'à la l. 17 de la p. 361 du texte de Land, aux mots ܡܢ ܩܕܡ ܐܬܟܠ — l'introduction du ms. de Londres y fait donc défaut — et s'arrête à la l. 1 de de la p. 381. Toutefois, l'absence, dans le *Sachau* 321, de la dernière partie de la Vie de Jacques Baradée, est due à une cause toute matérielle, à la disparition d'un feuillet (2). Bien que l'examen que nous avons fait de la rédaction du ms. de Berlin ait été un peu rapide, nous ne croyons pas nous tromper en affirmant que cette rédaction est antérieure à celle du ms. de Londres, et que, dans ce cas-ci encore, comme dans plusieurs autres, le *Sachau* 321 se distingue par l'ancienneté et l'excellence de son texte.

Le *Sachau* 321 mérite que nous nous y arrêtions un peu. C'est un ms. de la plus grande valeur. Il est le seul ms. qui nous ait conservé la Vie de Sévère, patriarche d'Antioche, par Zacharie le Scolastique; il est encore le seul qui nous donne en entier la Vie de ce même patriarche par Jean, higoumène du couvent de Beth-Aphthonia; enfin, il fournit, pour les autres documents qu'il renferme, un texte qui a toujours été reconnu supérieur à celui conservé ailleurs.

Le Père Bedjan, qui possède incontestablement une connaissance approfondie de la langue syriaque, fait ressortir à plusieurs reprises dans ses *Acta Martyrum et Sanctorum* (t. V et VI) l'excellence du *Sachau* 321. C'est d'après ce ms., qui lui paraît *très ancien* (3), qu'il a corrigé et complété le texte que le

(1) En-tête donné par l'*add.* 12174 (*Anecd. syr.*, II, p. 364, l. 1-4) :

ܬܘܒ ܬܫܥܝܬܐ ܕܥܠ ܛܘܒܢܐ ܝܥܩܘܒ ܐܦܝܣܩܘܦܐ ܕܐܘܪܗܝ. ܡܠܠܝܢ ܕܝܢ ܕܒܟܠܗܘܢ ܐܬܪ̈ܘܬܐ
ܗ̄ܘ : ܗܘ ܕܒܫܠܝܘܬܐ ܕܒܗܝܡܢܘܬܐ : ܘܐܦ ܡܬܬܚܕܗ ܐܠܗܝܬ ܒܟܠ ܡܕܡ. ܡܫܡܫܢܐ ܕܝܢ ܠܟܗܢܐ ܡܫܝܚܐ
ܕܐܠܗܐ ܡܫܬܠܡ ܫܠ̈ܝܐ : ܘܡܫܡܫ ܠܩܕܝܫܐ ܕܟܠ ܐܝܟ.

En-tête donné par le *Sachau* 321, fol. 166 *a* :

ܬܘܒ ܬܫܥܝܬܐ ܕܕܘܒܪ̈ܐ ܕܩܕ̈ܝܫܐ ܡܪܝ ܝܥܩܘܒ ܡܬܩܪܝܢܘܬܐ ܕܐܘܪܗܝ ܘܕܐܬܪ̈ܘܬܐ
ܕܡܕܢܚܐ. ܗܘ ܕܐܦ ܐܠܝܘܢ ܦܘܩܕܢܐ ܕܟܪ̈ܐ ܕܡܪܢ ܘܥܒܕ ܥܡܗ ܐܝܟ ܡܢ ܫܘܠܛܢܐ ܦܛܪܝܪܟܐ
ܘܐܬܩܢܘܡܘܣܐ ܕܐܬܥܢܝܢ ܕܟܘܪܣܝܐ ܕܩܘܣܛܢܛܝܢܘܦܘܠܝܣ. ܘܗܘܐ (ici un mot illisible)
ܕܒܫܘܠܛܢܐ. ܕܒܠܚܘܕܘܗܝ ܚܫܚܐ ܗܘܐ ܕܐܬܐ.

(2) Le feuillet disparu faisait partie du dix-neuvième cahier.

(3) Tome V, p. vi. Bedjan n'a pas considéré le *Sachau* 321 comme un ms. daté.

British Museum et la Bibliothèque nationale lui avaient fourni pour les Vies de saint Antoine, de saint Pacôme, de Grégoire le Thaumaturge et pour le panégyrique de saint Basile ; c'est ce même ms. qu'il a pris comme base pour éditer le martyre de saint Pierre d'Alexandrie et le panégyrique de saint Julien. Bedjan avait d'abord transcrit le panégyrique de saint Basile dans l'*add.* 12174 (le ms. de Londres qui contient la Vie de Jacques Baradée et le récit de Cyriaque) ; en collationnant sa copie avec le *Sachau* 321, il y trouva « des lacunes très nombreuses et très notables », qu'il fut heureux de pouvoir compléter au moyen du *Sachau* 321.

D'autre part, la Vie de Pierre l'Ibérien, qui est conservée dans l'*add.* 12174 et le *Sachau* 321, a été éditée par R. Raabe d'après le ms. de Berlin ; le texte du ms. de Londres est pour Raabe un remaniement du texte primitif (1).

Enfin, nous pouvons ajouter que le *Sachau* 321 aurait fourni à Kleyn, pour la Vie de Jean de Tella, un texte plus correct que l'*add.* 12174 et l'*add.* 14622 (2).

Le récit de Mar Cyriaque diffère également dans les deux manuscrits. La rédaction du ms. de Londres (L), si on la compare attentivement avec celle du ms. de Berlin (B), apparait comme un remaniement de cette dernière. L'auteur de L a surtout cherché à donner une tournure plus élégante, plus correcte à B, qui est écrit dans un style très négligé. Il a aussi supprimé ou modifié un certain nombre de mots ou d'expressions, parce qu'ils choquaient, semble-t-il, son sentiment religieux. Quelquefois les variantes de L paraissent remonter à une fausse lecture de B ; dans d'autres cas, elles sont simplement des fautes d'inattention, qui montrent le caractère récent de L,

(1) *Petrus der Iberer*, Leipzig, 1895, in-8°, p. VI-VII.

(2) Une collation de la Vie de Jean de Tella (*Het leeven van Johannes van Tella door Elias*, Leyde, 1882, in-8°) avec le *Sachau* 321 donne pour la 1re page les résultats suivants : 1° l. 1 [illegible] au lieu de [illegible] ; 2° l. 3 [illegible] au lieu de [illegible] ; 3° l. 12 [illegible] au lieu de [illegible] (ce qui rend inutile la correction de [illegible] en [illegible] l. 13) ; 4° l. 14 [illegible] au lieu de [illegible] ; 5° l. 14 [illegible] au lieu de [illegible] ; 6° l. 18 [illegible] au lieu de [illegible] ; 7° l. 19 [illegible] au lieu de [illegible]. Dans un de ces cas, le 6°, la variante est sans importance ; dans tous les autres, on peut affirmer sans crainte, à notre avis, que le *Sachau* 321 fournit la véritable leçon du texte. Notons que Kleyn l'avait restituée dans *trois* cas (n°s 1, 4 et 5), et à peu de chose près dans deux autres (n°s 2 et 3).

daté, comme nous l'avons dit, de 1197. A un endroit (p. 4, l. 9), L donne un passage qui manque dans B; ce passage, qui se retrouve à peu près dans les mêmes termes chez Bar-Hébraeus, semble être tiré de l'historien que Bar-Hébraeus, ou plutôt Michel le Syrien, a utilisé pour l'histoire du VIIe siècle. En résumé, L s'explique par B, et B ne s'explique pas par L; on peut donc considérer L, qui est représenté par un ms. du XIIe, comme un remaniement de B, dont le ms., si même il n'est pas daté de 741, est en tout cas beaucoup plus ancien que l'*add.* 12174.

Le ms. de Berlin assigne comme auteur à notre traité Cyriaque, évêque d'*Amid*, et le ms. de Londres, Cyriaque, évêque de *Mardin*.

Cyriaque, évêque de Mardin, ne semble pas être connu par ailleurs. Par contre, on trouve des renseignements sur Cyriaque, évêque d'Amid, chez le pseudo-Denys de Tellmahré, chez Denys de Tellmahré, chez Bar-Hébraeus, et indirectement chez Théophylacte Simocattès.

Le pseudo-Denys de Tellmahré nous apprend qu'il succéda en 578 après J.-C. à Mar Jean sur le siège épiscopal d'Amid (1); Denys de Tellmahré, qu'il mourut en 623 et qu'il fut remplacé par Mar Thomas (2). D'autre part, nous savons par Bar-Hébraeus (3) que Cyriaque d'Amid fut persécuté par les Chalcédoniens, et qu'un évêque de ce parti occupait le trône épiscopal d'Amid, lorsque Chosroès II s'empara de la Mésopotamie en 604/8; nous savons encore par Bar-Hébraeus que les églises qui furent alors rendues aux Syriens monophysites, leur avaient été enlevées par Domitien, évêque de Mélitène (4), sous le règne

(1) ASSÉMANI, *Bibl. orient.*, II, 90; NAU, *Analyse des parties inédites de la chronique attribuée à Denys de Tellmahré*, p. 71.

(2) ASSÉMANI, *ibid.*; CHABOT, *Chronique de Denys de Tellmahré*, p. 5.

(3) *Chron. Ecclés.*, I, p. 263; le passage en question a été traduit plus haut, p. 9, note 1.

(4) Maurice fit monter Domitien sur le siège épiscopal de Mélitène, pendant son séjour en Orient, sous Tibère, comme général en chef des troupes romaines (Jean d'Asie, *Histoire Ecclésiastique*, V, 19). Domitien était un évêque chalcédonien (*ibid.*); parmi les évêques monophysites qu'il chassa de leur trône, figure Thomas d'Héraclée, l'auteur de la version du Nouveau Testament dite Héracléenne (Bar-Hébraeus, *Chron. Eccl.*, I, p. 267). Il mourut en janvier 602 (Théophane, A. M. 6094). Parent de l'empereur Maurice, il fut souvent consulté par celui-ci, qui trouvait en lui, dans les cas difficiles, à la fois un conseiller et un consolateur (Jean d'Asie, *op. cit.*).

de l'empereur Maurice. Enfin, Théophylacte (1), en nous informant qu'un certain Siméon était évêque d'Amid en 585/6. nous apprend que Cyriaque fut dépossédé de son trône épiscopal entre 582 (début du règne de Maurice) et 585/6 (2).

Tels sont les renseignements que nous possédons sur Cyriaque d'Amid; voyons s'ils nous permettent de lui attribuer le récit que le *Sachau* 321 place sous son nom.

Le récit de Cyriaque contient un passage qui nous indique la date de sa composition. Ce passage est : « *Ils partirent en l'an 933 des Grecs. En ce temps, l'empereur des Romains, Héraclius, arriva, s'empara de toute la région orientale de l'Euphrate et chassa les Perses jusqu'à Nisibe qui constitue la frontière.* » La première phrase nous donne comme date l'année 622 après J.-C.; la seconde nous transporte à la fin de la troisième campagne d'Héraclius contre les Perses, en 628. A première vue, il semblerait que les événements auxquels il est fait allusion dans la seconde phrase, se soient passés lors de la première campagne d'Héraclius, en 622; mais l'histoire des campagnes d'Héraclius contre les Perses nous empêche d'entendre ainsi cette phrase. Ce n'est qu'en 628 que les Perses quittèrent la partie de la Mésopotamie dont ils s'étaient emparés sous le règne de Phocas, et que Nisibe reforma, comme du temps de l'empereur Maurice, la frontière entre l'empire romain et le royaume perse. La première campagne d'Héraclius ne fut qu'une expédition préparatoire; elle eut uniquement pour théâtre les régions pontiques. Loin d'avoir été chassés alors de la Mésopotamie, les Perses n'y furent même pas inquiétés. La seconde campagne n'eut pas non plus de résultats décisifs. Lorsque Héraclius se rendit, en mars 626, des bords du lac Van à Sébaste (Pont), il fut poursuivi par les Perses jusqu'au fleuve Saros (Cilicie) (3).

(1) II, 3. La date nous est fournie par Théophane, qui place les événements racontés dans ce chapitre de Théophylacte sous l'année du monde 6078.

(2) Cyriaque doit avoir cherché à rentrer en possession de son siège lorsqu'il alla visiter, vers 610, sur l'ordre du patriarche Athanase, les fidèles de la Mésopotamie, dont une partie, les campagnards, ne voulaient pas recevoir les évêques orientaux envoyés par Chosroès. Ainsi s'expliquerait la colère de ces évêques contre Cyriaque et la menace qu'ils lui firent. Cf. p. 9, note 1.

(3) Héraclius fit trois campagnes contre les Perses : la première commença le 5 avril 622 et dura à peu près un an : la seconde s'étend du 25 mars 624 au mois

Composé après 628, notre récit ne peut pas être de Cyriaque d'Amid, qui est mort en 623, selon Denys de Tellmahré. On peut supposer, il est vrai, que la mort de Cyriaque doit être reculée de quelques années. Mais cette supposition a peu de chance d'être fondée, les faits datés chez Denys d'après l'ère des Séleucides étant d'ordinaire placés dix ans trop tard (1). Au lieu d'être reculée, la date de la mort de Cyriaque doit donc plutôt être avancée (2).

S'il nous est impossible d'attribuer, avec le ms. de Berlin, notre récit à Cyriaque d'Amid, ne pouvons-nous pas l'attribuer, avec le ms. de Londres, à Cyriaque de Mardin? D'après ce que nous avons dit plus haut de la valeur respective de ces deux mss., nous n'y sommes guère autorisé. Cependant il n'est pas impossible que dans ce cas-ci le ms. de Londres ait gardé la bonne leçon : le scribe du ms. de Berlin peut avoir été amené, par la ressemblance des mots Mardin (ܡܪܕܝܢ) et Amid (ܐܡܝܕ), à substituer un nom qui lui était connu (Cyriaque d'Amid) à un nom qu'il ne connaissait pas (Cyriaque de Mardin). Au reste, le nom de l'auteur de notre récit importe peu. Qu'il soit de Cyriaque d'Amid ou de Cyriaque de Mardin, il est certainement antérieur à la conquête de la Perse et de la Syrie par les Arabes. Il a donc été composé quinze ans tout au plus après le pieux vol qu'il raconte.

*
* *

Abordons maintenant l'examen de la notice qui suit l'écrit de Cyriaque dans le *Sachau* 321.

M. Sachau, avons-nous dit, l'a comprise de la façon suivante : « Est terminée l'histoire de Mar Jacques d'Édesse. Cette histoire a été *transcrite* à l'*instigation* de Mar Theudas (Théodose),

de mars 626 : la troisième va de l'été 626 au printemps 628. Cf. sur ces campagnes d'Héraclius l'excellent travail de GERLAND, *Die persischen Feldzüge des Kaisers Herakleios*, dans la *Byzantinische Zeitschrift*, III (1894), p. 330-373.

(1) Cf. CHABOT, *Chronique de Denys de Tell-Mahré*. Paris, 1895, p. XXXIII, note 1.

(2) En admettant même qu'Héraclius ait chassé en 622 les Perses jusqu'à Nisibe, et que cette ville ait de nouveau formé à cette époque la frontière entre les Grecs et les Perses, il serait encore difficile de voir en Cyriaque d'Amid l'auteur de notre récit. Quand on le lit, on éprouve l'impression qu'il a été composé plusieurs années après les événements qu'il raconte ; or, il aurait été composé tout au plus un an après! — Si la rédaction du ms. de Londres représentait le texte primitif, notre récit serait au moins postérieur à 629. Cf. p. 10, note 3.

prêtre et stylite du couvent de Phesiltha, dans les jours d'Étienne, higoumène de ce couvent, en l'an 1052 de Séleucus. » Le ms. présentant partout la même écriture, M. Sachau tire de cette notice ainsi comprise la conclusion que le ms. a été écrit tout entier à la même époque que la Vie de Jacques Baradée, c'est-à-dire en 741 après J.-C. Cette conclusion de M. Sachau nous paraît tout d'abord contestable.

Avant de dater le *Sachau* 321 de 741, parce qu'il est dit dans la souscription de la Vie de Jacques Baradée (le 13ᵉ des 17 écrits contenus dans le ms.) que celle-ci a été copiée à cette époque, ne faut-il pas se demander si la Vie de Jacques Baradée ne peut pas avoir été introduite dans le *Sachau* 321 avec la clausule d'un manuscrit de cette Vie, exécuté en 741? N'arrive-t-il pas que les scribes reproduisent les clausules des mss. qu'ils transcrivent? Et puis, n'est-il pas des plus vraisemblables qu'un ms. de la Vie complète de Jacques Baradée ait été exécuté au couvent de Phesiltha, le couvent où l'illustre fondateur de l'Église jacobite avait passé une partie de sa vie?

Mais ce n'est pas seulement la conclusion que M. Sachau a tirée de son interprétation de la notice qui est attaquable, c'est son interprétation elle-même.

Deux mots de la notice ont une double signification : ܐܬܥܒܕ et ܝܘܨܦܢܐ. L'ethpeel ܐܬܥܒܕ peut signifier « a été transcrit » ou « a été composé », et le mot ܝܘܨܦܢܐ « soins, zèle », ou « instigation, instances ».

M. Sachau a traduit ܐܬܥܒܕ par « a été transcrit » et ܝܘܨܦܢܐ par « instigation ». En rendant ܐܬܥܒܕ par « a été transcrit », M. Sachau a donné avec raison à ܝܘܨܦܢܐ le sens de « instigation ». Jamais, en effet, du moins à notre connaissance, un scribe syrien ne dit qu'un ouvrage a été transcrit « par ses soins » (ܒܝܘܨܦܢܐ) (1); d'autre part, lorsqu'un scribe se fait connaître avec la forme ܐܬܥܒܕ, il aime à placer devant son nom les mots ܥܠ ܐܝܕܝ, ܒܐܝܕܝ, ܒܐܝܕܝܐ ܕ, ܒܐܝܕܝ, « par la main de » pour éviter toute amphibologie (2).

(1) Le scribe syrien aime à se traiter dans les clausules des mss. de misérable, de pécheur; d'homme faible, mou, lâche; d'être souillé, flétri, immonde, répugnant; de fumier, d'immondice, etc. Loin de prétendre avoir transcrit un ms. avec soin, il dit qu'il en a gâché, abîmé, sali, souillé les feuillets. Cf. SACHAU, *Verzeichniss der syrischen Handschriften der königlichen Bibliothek zu Berlin*. Les clausules des ms. y sont reproduites *in extenso*.

(2) SACHAU, *Verzeichniss* etc., ms. nº 9, nº 25, nº 44, nº 68, nº 74, nº 75, nº 80,

Si nous donnons maintenant à ܐܬܥܒܕ la signification de « a été composé » (1), deux traductions sont possibles pour la notice : ou bien la Vie de Jacques Baradée a été composée *à l'instigation* de Mar Thidas, ou bien *par les soins* de Mar Thidas.

La première traduction ne nous paraît guère admissible : il est peu vraisemblable qu'un auteur ait fait connaître l'année où il a composé un écrit, le nom de la personne qui l'a poussé à le composer, et qu'il ait passé son propre nom sous silence. De plus, l'expression ܒܝܘܨܦܢܐ, comme les expressions synonymes ܒܥܘܕܪܢܗ, ܒܡܫܩܠܢܘܬܐ, ܒܦܘܩܕܢܐ ܕܡܕܒܪܢܐ, précède fréquemment les noms d'auteurs (2).

La seconde interprétation, au contraire, est des plus probables : ܐܬܥܒܕ dans le sens de « a été composé » appelle en quelque sorte pour ܒܝܘܨܦܢܐ la signification « par les soins de ». Cette interprétation aurait l'avantage de donner la solution d'un petit problème littéraire en suspens. La Vie de Jacques Baradée, qui ne peut pas être de Jean d'Asie, comme Kleyn l'a montré, aurait pour auteur Mar Thidas. Il serait tout naturel, on le reconnaîtra, qu'un prêtre du couvent de Phesiltha eût composé une Vie complète de Jacques Baradée : le couvent de Phesiltha était l'ancien couvent de Jacques; ses reliques y étaient déposées depuis 622; d'autre part, la biographie que Jean d'Asie lui avait consacrée dans deux chapitres des *Commentarii de beatis Orientalibus* était fort incomplète. La tâche de Mar Thidas aurait consisté à compléter, à amplifier, le récit de Jean d'Asie, et surtout à l'enrichir d'un grand nombre de miracles; à ce récit ainsi remanié, il aurait ensuite ajouté l'histoire de l'enlèvement du corps de Jacques Baradée par Cyriaque.

Nous n'irons cependant pas jusqu'à prétendre que cette der-

et aussi n° 15, n° 59 et n° 92. Certains de ces mss. sont, il est vrai, des copies exécutées récemment en Orient, mais leurs clausules sont faites sur le même patron que celles des anciens mss.

(1) Cf., par exemple, dans le *Sachau* 321, l'en-tête de la Vie de Sévère d'Antioche par Zacharie le Scolastique (*Verzeichniss*, p. 97, col. 1), celui de la Vie de ce même patriarche par l'higoumène Jean (p. 98, col. 1), et celui de la Vie de Jean de Tella par Élie (p. 98, col. 2). Dans ces trois en-têtes ܐܬܥܒܕ signifie « a été composé ».

(2) Ét.-Év. Assémani et J.-S. Assémani, *Bibliothecae apostolicae vaticanae codicum manuscriptorum catalogus*, Rome, 1758-1759, in-fol., t. III, p. 240; *Journal asiatique*, 1888, t. XI, p. 166; 1898, t. XII, p. 348.

nière interprétation soit la vraie; nous la considérons seulement comme la plus satisfaisante des quatre interprétations possibles de la notice. Il s'ensuit que pour nous l'année 741 ne donne pas la date du *Sachau* 321, mais simplement un *terminus post quem* (1).

Post-scriptum. — La Vie de Jacques Baradée par pseudo-Jean d'Asie est encore contenue dans le ms. syriaque 235 de la Bibliothèque Nationale. De la collation que M. Nau a eu l'obligeance de faire pour nous de certains passages de la Vie du ms. de Paris, il ressort que celle-ci présente la même recension que la Vie du ms. de Berlin. L'en-tête y diffère toutefois un peu : il s'arrête au mot ܡܫܝܚܐ et omet déjà antérieurement quelques mots (voir l'en-tête du ms. de Paris dans ZOTENBERG, *Catalogues des manuscrits syriaques et sabéens de la Bibliothèque nationale*, p. 187, col. 1). — Nous avons dit à la p. 15 de notre travail que la recension du ms. de Berlin nous paraissait antérieure à celle du ms. de Londres. L'opinion que nous émettions alors d'après un examen un peu rapide du texte du ms. de Berlin, est entièrement confirmée par l'étude des variantes que le ms. de Paris fournit pour les p. 369,1 à 371,27 de la *Vita spuria* (Land, *Anec. syr.*, t. II). Ces pages de la Vie de Jacques sont un remaniement des p. 254,9 à 257,15 et 250,21 à 251,2 des *Commentarii de beatis Orientalibus* de Jean d'Asie. Or, la rédaction du ms. de Paris (= du ms. de Berlin) est plus près du texte de Jean d'Asie que celle du ms. de Londres. Il est donc manifeste qu'elle est antérieure à celle-ci.

(1) On trouvera un fac-similé du *Sachau* 321 à la fin du *Verzeichniss der syrischen Handschriften* etc. Ce fac-similé y représente le plus ancien manuscrit daté de Berlin.

II

HISTOIRE DE SAINT NICOLAS

SOLDAT ET MOINE

TEXTE GREC

PUBLIÉ

Par Léon CLUGNET.

INTRODUCTION

A proprement parler, ce n'est pas une « vie » de saint qui est donnée dans le récit dont je publie le texte. En effet, tout ce que nous y découvrons sur l'existence du personnage qui en est le héros, c'est qu'il fut soldat d'abord et moine ensuite. De sa vie religieuse son biographe se contente de dire qu'elle fut admirable, et de sa vie militaire il nous apprend seulement qu'elle ne se termina pas dans un massacre qui aurait dû lui être fatal. Ce que cet auteur veut uniquement nous faire connaître, c'est le fait qui a déterminé le changement d'existence de Nicolas, c'est-à-dire qui l'a arraché des camps, pour le pousser ensuite dans un monastère. Bien entendu, la description de cet événement, c'est-à-dire d'une tentation à laquelle Nicolas fut soumis, de la résistance victorieuse qu'il y opposa et de la récompense qui lui fut accordée, en conséquence, est accompagnée de détails extraordinaires et surnaturels. Quelle est la part qui, dans l'exposé de ces circonstances merveilleuses, peut être attribuée à l'imagination de l'auteur du récit, c'est ce qu'il ne m'est pas permis de préciser avec assurance. Je me contenterai donc de résumer brièvement le récit en question.

Nicolas devait être un jeune homme dans toute la force de l'âge en 811, lorsque l'empereur Nicéphore Ier exécuta sa désastreuse expédition contre les Bulgares (1). Il naquit donc vers la fin du VIIIe siècle, et vécut probablement pendant toute la première moitié du IXe. Incorporé dans l'armée grecque, il partit avec elle dans la direction de la Bulgarie. Un soir, il entra dans une hôtellerie pour y passer la nuit. Mais, au lieu de reposer paisiblement, il fut importuné par la fille de l'hôtelier qui, l'ayant remarqué et s'étant éprise de lui, vint par trois fois le solliciter à commettre une action coupable. Comme bien on pense, le saint jeune homme repoussa vivement cette malheureuse, non sans lui adresser les plus vifs reproches. Le lendemain, il se remit en route. Mais voilà que la nuit suivante, un personnage à l'air grave et sévère, sans doute Notre-Seigneur, lui apparut pendant son sommeil. Il était assis et avait la jambe droite croisée sur la gauche. En même temps l'attention de Nicolas était attirée dans le lointain sur une bataille engagée entre les Bulgares et les Grecs, dans laquelle tout l'avantage était pour ces derniers. Cependant, invité par le redoutable personnage à le regarder de nouveau, puis à reporter ses regards sur les deux armées, il vit que celui-ci avait croisé cette fois sa jambe gauche sur sa jambe droite et qu'au même moment les Grecs, cessant d'être victorieux, étaient au contraire taillés en pièces par les Bulgares. Quand l'extermination fut achevée, il fut étonné en apercevant sur le champ de bataille, qui était littéralement couvert de cadavres, un petit emplacement de la grandeur d'un corps humain, qui seul restait vide. Alors l'inconnu lui expliqua que cette place était celle sur laquelle il aurait dû être tué lui aussi, mais que le succès avec lequel il avait repoussé la tentation, la nuit précédente, lui avait valu d'être épargné.

Peu de temps après cette vision qui, sur le moment, l'émut

(1) D'après le Συναξαρίστῃ; il était déjà soldat en 802 (voy. plus loin. p. 32, l. 18).

vivement, Nicolas se trouva dans la région montagneuse où l'armée grecque, après avoir obtenu quelques succès contre l'ennemi, fut à son tour cernée par celui-ci et totalement anéantie avec son chef, l'empereur Nicéphore (1). Échappé miraculeusement à la mort, il se souvint de la prédiction qui lui avait été faite et, poussé par sa reconnaissance envers Dieu, il abandonna le monde et se retira dans un monastère, que l'auteur du récit omet malheureusement de désigner.

Voilà à quoi se réduit ce que nous savons de notre soldat devenu moine. On ne peut que s'étonner du petit nombre et du manque de précision des détails qu'on vient de lire, surtout si l'on songe que Nicolas vécut à une époque relativement récente et qu'il dut acquérir par ses vertus une certaine célébrité, puisque l'Église grecque l'a inscrit au nombre de ses saints. Cette Église, en effet, fait sa mémoire le 24 décembre, mais ne lui a pas consacré d'office spécial.

Dans les ménées gréco-hellènes actuellement en usage, la leçon historique qui le concerne est, à part deux ou trois variantes insignifiantes, identique au texte donné ci-après, ce qui prouve que les rédacteurs du synaxaire ont reproduit parfois en entier les Vies des saints, telles qu'ils les trouvaient dans les recueils manuscrits, au lieu de les abréger, ainsi qu'ils l'ont fait si souvent.

Le ménologe de l'Église russe, dans lequel la mémoire de Nicolas est maintenue, nous fait connaître deux détails que ne contient pas la leçon grecque. Le premier, c'est que le saint moine

(1) Voici comment Théophane (*Chronographia*, édit. de Bonn, 1839, p. 763) raconte la destruction de l'armée grecque, après que l'empereur Nicéphore eut repoussé les propositions de paix faites par le roi des Bulgares :

Ὁ δὲ τῆς εἰρήνης ἐχθρὸς ταύτην οὐ προσήκατο, ἐφ' οἷς καὶ χαλεπήνας ἐκεῖνος, τὰς τῆς χώρας εἰσόδους καὶ ἐξόδους περιπεφραγμένας ξυλίνοις ὀχυρώμασι, πέμψας κατησφαλίσατο. Νικηφόρος δὲ τοῦτο γνοὺς, εὐθέως, ὡς ἐμβρόντητος, ὅ, τι πράξοι, ἠγνόει περιάγων. Καὶ τοῖς συνοῦσι τὰ τῆς ἀπωλείας ἔλεγεν, ὅτι κἂν πτερωτοὶ γενώμεθα, μηδεὶς ἐλπίσῃ διαφυγεῖν τὸν ὄλεθρον. Ταῦτα δὲ ἦν ἐφ' ἡμέρας δύο, πέμπτην καὶ παρασκευὴν, τὰ μηχανήματα. Καὶ τῇ νυκτὶ τοῦ σαββάτου τάραχοι καὶ ὄχλοι ἐνόπλων περὶ Νικηφόρον καὶ τοὺς σὺν αὐτῷ ἀκουόμενοι παρατάξεις πάντας ἐξενεύρωσαν, πρὸ δὲ τῆς ἡμέρας ἐπελθόντες οἱ βάρβαροι κατὰ τῆς Νικηφόρου σκηνῆς, καὶ τῶν σὺν αὐτῷ μεγιστάνων ἀναιροῦσιν αὐτὸν οἰκτρῶς.

Le seul détail historique, relatif à l'expédition de Nicéphore, qui soit donné dans la Vie de Nicolas et qu'on ne trouve pas dans les chroniqueurs byzantins, est que les troupes bulgares, qui furent d'abord défaites par les Grecs, se composaient de 15.000 hommes.

aurait mérité par ses vertus le don de prédiction. Le second, beaucoup plus important, est que Nicolas aurait été de race *slave* (1). Sur quelle preuve les Russes appuient-ils cette dernière assertion, c'est qu'il m'est impossible de dire.

L'Église grecque unie n'a pas maintenu le nom du moine Nicolas dans son calendrier. On ne le voit pas mentionné, par exemple, à la date du 24 décembre, dans l'édition romaine des ménées. A plus forte raison ne figure-t-il pas dans le martyrologe romain.

J'ai trouvé l'histoire grecque de Nicolas dans deux manuscrits de la bibliothèque du Saint-Sépulcre de Jérusalem (XIIIe et XVe siècle) et dans un manuscrit de la bibliothèque de Berlin (XVIIe siècle). Les deux manuscrits de Jérusalem contenant des textes peu différents l'un de l'autre, je ne reproduis en entier que le plus ancien des deux. Quant au texte du manuscrit de Berlin, comme il offre un bel exemple de l'orthographe invraisemblable dont faisaient usage certains copistes, je crois bien faire en le donnant également. Pour le lire, on devra rectifier une ponctuation désordonnée, corriger et compléter l'accentuation, réunir certains mots qui doivent être unis et changer un grand nombre de lettres en d'autres ayant le même son. Enfin j'ajouterai à ce texte celui du Συναξαριστής, imprimé en grec vulgaire du commencement du XIXe siècle. On aura ainsi sous les yeux l'histoire du moine Nicolas sous toutes les formes où elle a paru chez les Grecs.

Je n'ai pas pu utiliser les textes donnés par trois manuscrits du Mont Athos (2), textes qui doivent ressembler de très près à celui du manuscrit de Berlin.

Voici le résumé de l'histoire du moine Nicolas donné dans le *Menologion-Мѣсяцесловъ* de M. A. von Maltzew (Berlin, 1900, vol. I, p. 575) : Р. изъ славянъ и служилъ полководцемъ при имп. Никифорѣ. Чудесно спасенный на войнѣ противъ Болгаръ въ 811 г., н. принялъ иночество и такъ угодилъ Господу подвигами, что сподобился дара прозорливости. Ск. въ IX в.

(2) Ces manuscrits, qui sont tous trois du XVIIe siècle, portent dans le catalogue de Lambros (*Catalogue of the Greek manuscripts on Mount Athos*, Cambridge, 1895-1900) les n°s 4098, 4872, 6296.

ΔΙΗΓΗΣΙΣ

ΠΕΡΙ

ΤΟΥ ΟΣΙΟΥ ΝΙΚΟΛΑΟΥ

ΜΟΝΑΧΟΥ ΤΟΥ ΣΤΡΑΤΙΩΤΟΥ

A

(Bibliothèque du Monastère du Saint-Sépulcre de Jérusalem : ms. du fonds grec 675 (fin du XIIIe siècle), fo 137.)

Μηνὶ δεκεμβρίῳ κδʹ μνήμη τοῦ ὁσίου πατρὸς ἡμῶν Νικολάου μοναχοῦ τοῦ ἀπὸ τῶν στρατιωτῶν.

Ὁ ἐν ἁγίοις πατὴρ ἡμῶν Νικόλαος στρατιώτης γέγονε· καὶ Νικηφόρου τοῦ βασιλεὼς ἐκστρατεύσαντος κατὰ τῶν Βουλγάρων, ἐξῆλθε καὶ αὐτὸς σὺν τῷ στρατεπέδῳ. Καὶ διερχόμενος πρὸς ἑσπέραν, κατέλυσεν ἐν πανδοχείῳ· καὶ συνδειπνήσας τῷ πανδοχεῖ, καὶ προσευξάμενος, ἀνεκλίθη πρὸς ὕπνον· καὶ περὶ δευτέραν ἢ τρίτην φυλακὴν τῆς νυκτός, ἡ τοῦ ὑποδεξαμένου αὐτὸν θυγάτηρ σατανικῷ ἔρωτι τρωθεῖσα, ἔνυξε τὸν δίκαιον πρὸς αἰσχρὰν μῖξιν ἐφελκομένη. Ὁ δὲ ἅγιος πρὸς αὐτήν· Παῦσαι, γύναιον, τοῦ σατανικοῦ καὶ ἀθέσμου ἔρωτος, καὶ μὴ θελήσῃς χρᾶναι τὴν παρθενίαν σου, κἀμὲ τὸν ταλαίπωρον εἰς ᾅδου πέταυρον ἀγαγεῖν. Ἡ δὲ πρὸς μικρὸν ἀνεχώρησε, καὶ μετ᾽ ὀλίγον πάλιν ἐλθοῦσα ὤχλει τὸν δίκαιον. Ὁ δὲ ἅγιος ἀπεπέμψατο αὐτὴν τὸ δεύτερον ἐπιστύψας σφοδρῶς. Ἡ δὲ πάλιν ἀναχωρήσασα ἐκβακχευομένη τῷ ἔρωτι ὑπέστρεψε πρὸς αὐτόν. Τότε ὁ ἅγιος λέγει πρὸς αὐτήν· Ταλαίπωρε καὶ πάσης αἰσχύνης καὶ ἀναιδείας πεπληρωμένη, οὐχ ὁρᾷς ὅτι οἱ δαίμονές σε ταράττουσιν, ἵνα καὶ τὴν ψυχήν σου εἰς κόλασιν ἐμβάλωσι, καὶ τὴν παρθενίαν σου διαφθείρωσι, καὶ γέλως καὶ ὄνειδος πάσῃ τῇ συγγενείᾳ σου ἀποκαταστήσωσί σε; Οὐ βλέπεις ὅτι κἀγὼ ὁ ἐλάχιστος πρὸς ἔθνη βάρβαρα καὶ πόλεμον καὶ αἱμάτων ἐκχύσεις πορεύομαι τοῦ Θεοῦ ἐνδυναμοῦντός με; Πῶς οὖν μιάνω τὴν σάρκα πρὸς πόλεμον ἀφικόμενος; Ταῦτα καὶ ἕτερα τοιαῦτα προσειπὼν αὐτῇ ἀπεπέμψατο.

Καὶ ἀναστὰς καὶ προσευξάμενος εἴχετο τῆς ὁδοῦ. Καὶ τῇ ἐπελθούσῃ νυκτὶ ὑπνοῦντος αὐτοῦ, ὁρᾷ ἑαυτὸν εἰς εὔοπτον τόπον ἱστάμενον, καὶ πλησίον αὐτοῦ δυνάστην τινὰ καθεζόμενον, καὶ τὸν δεξιὸν πόδα τῷ ἀριστερῷ ποδὶ ἐπιδεικνύμενον ἔχοντα, καὶ φησὶ πρὸς αὐτόν· Βλέπεις ἑκατέρου μέρους τὰ στρατεύματα; Ὁ δὲ ἀπεκρίνατο· Ναὶ, Κύριε, ὁρῶ ὅτι οἱ Ῥωμαῖοι συγκόπτουσι τοὺς Βουλγάρους. Καὶ λέγει ὁ φαινόμενος πρὸς τὸν δίκαιον· Βλέψον πρὸς ἡμᾶς. Καὶ προσβλεψάμενος οἶδεν αὐτοῦ τὸν δεξιὸν πόδα τῇ γῇ προσερείσαντα, καὶ τὸν ἀριστερὸν ἐπάνω τοῦ δεξίου ἐπιθέμενον. Οὗ γενομένου περιβλεψάμενος πάλιν ὁ δίκαιος πρὸς τὸ στρατόπεδον βλέπει τοὺς ὑπεναντίους ἀφειδῶς συγκόπτοντας τοὺς Ῥωμαίους, καὶ μετὰ τὸ παύσασθαι τὴν συγκοπὴν λέγει ὁ καθήμενος τῷ στρατιώτῃ· Κατανόησον ἀκριβῶς τὴν συγκοπὴν τῶν σκηνωμάτων, καὶ λέγε μοι τί τὸ ὁρώμενον. Ὁ δὲ περιβλεψάμενος οἶδε πᾶσαν τὴν φαινομένην αὐτῷ γῆν νεκρῶν σωμάτων πεπληρωμένην, καὶ μέσον πάντων μιᾶς κοίτης λιβαδιαίαν χλοερὰν, καὶ λέγει αὐτῷ· Κύριε, πᾶσα ἡ γῆ τῶν ἀφειδῶς κατακοπέντων Ῥωμαίων πεπληρωμένη ἐστὶν, ἐκτὸς μιᾶς κοίτης. Τότε ὁ φαινόμενος φοβερὸς εἶπε τῷ στρατιώτῃ· Καὶ τί λογίζῃ εἶναι αὐτό; Ὁ δὲ ἀπεκρίνατο· Ἰδιώτης εἰμὶ, Κύριε, καὶ οὐ γινώσκω. Καὶ πάλιν πρὸς αὐτὸν ὁ φοβερός· Αὕτη ἡ γυμνὴ λιβὰς ἣν ὁρᾷς μιᾶς κοίτης ἔχουσα μῆκος σή ἐστι καὶ ἐν αὐτῇ ὤφειλες συγκοπῆναι μετὰ τῶν συστρατιωτῶν σου καὶ τεθῆναι ἐν αὐτῇ καὶ ἀναπληρῶσαι τὸ λεῖπον· ἐπεὶ δὲ τῇ παρελθούσῃ νυκτὶ τὸν τρίπλοκον ὄφιν τὸν εἰς αἰσχρὰν μῖξιν τρισσῶς σοι προσπαλαίσαντα καὶ ἀποκτεῖναι μέλλοντα εὐφυῶς ἀπὸ σοῦ ἀπετίναξας, ἰδοὺ σὺ αὐτὸς σεαυτὸν ἐκ τῆς συγκοπῆς ταύτης ἠλευθέρωσας, καὶ τῆς λιβάδος στρωμνὴν ἄμοιρον πεποίηκας, καὶ τὴν ψυχὴν σὺν τῷ σώματι ἔσωσας. Λοιπὸν οὔτε φυσικός σοι θάνατος κυριεύσει, ἐὰν γνησίως μοι δουλεύσῃς. Ταῦτα ἑωρακὼς καὶ σύντρομος γενόμενος διϋπνίσθη, καὶ ἀναστὰς προσηύξατο. Καὶ ὑποστρέψας μιᾶς ἡμέρας ὁδοῦ διάστημα ἀνῆλθεν εἰς ὄρος καὶ προσευχόμενος ἐδέετο τοῦ Θεοῦ περὶ τοῦ στρατοπέδου. Καὶ εἰσελθὼν ὁ βασιλεὺς εἰς τὰς κλεισούρας, ἀνῆλθον οἱ Βούλγαροι εἰς τὸ ὄρος, ὀλίγους ἐάσαντες εἰς παραφυλακὴν πέντε καὶ δέκα χιλιάδας μικρόν τι πλεῖον ἢ ἔλασσον. Οὓς καὶ κατασφάξαντες οἱ Ῥωμαῖοι ἐματαιώθησαν· ἀσυστρόφως γὰρ τῇ χώρᾳ προσρυέντες μικροῦ πᾶσα ἡ τῶν Ῥωμαίων παράταξις φόνου ἂν ἐγέγονει παρανάλωμα σὺν τῷ βασιλεῖ Νικηφόρῳ. Τότε ὁ δίκαιος τῆς ὀπτασίας ἀναμνησθεὶς καὶ τῷ Θεῷ εὐχαριστήσας ὑπέστρεψεν ἐκεῖθεν κλαίων καὶ ὀδυρόμενος, καὶ ἀπελθὼν ἐν μοναστηρίῳ ἔλαβε τὸ ἅγιον σχῆμα, καὶ τῷ Θεῷ γνησίως δουλεύσας ἐπὶ χρόνους ἱκανούς, γέγονε διακριτικώτατος καὶ μέγας πατήρ.

B

(Bibliothèque du Monastère du Saint-Sépulcre de Jérusalem : ms. du fonds grec 66 (xve siècle), f° 194.)

Titre précédant le texte : Διήγησις ὡραία περὶ τοῦ ὁσίου πατρὸς ἡμῶν Νικολάου τοῦ ἀπὸ στρατιωτῶν μοναχοῦ. — **Page 27**, l. 3. Ὁ... ἑσπέραν ‖ Οὗτος ἦν ἐπὶ τῆς βασιλείας Νικηφόρου στρατιώτης τὴν τύχην. Τοῦ οὖν βασιλέως κατὰ Βουλγάρων στρατεύοντος, ἐξῆλθε καὶ αὐτὸς σὺν τῷ στρατοπέδῳ. Καὶ δὴ τῆς ἑσπέρας καταλαβούσης. — 6. *Om.* καὶ συνδειπνήσας τῷ πανδοχεῖ. — 10. ἐφελκομένη ‖ ἐκκαλουμένη. — 11. *Om.* καὶ ἀθέσμου. — 13. μετ' ὀλίγον ‖ πρὸς μικρόν. — 13. ὤχλει τὸν δίκαιον ‖ ἠνόχλει αὐτῷ. — 15. ἀναχωρήσασα ‖ *Add.* αὖθις. — **P. 28**, l. 1. Τότε ὁ ἅγιος ‖ Ὁ δὲ. — 4. ἐμβάλωσι ‖ ἐμβάλλουσι. — 6. πόλεμον ‖ πολέμους. — 7. *Om.* με. — 8. ἀφικόμενος ‖ ἀπερχόμενος. — 10 τοιαῦτα... ἀπεπέμψατο ‖ πρὸς αὐτὴν εἰπών. — 10. ἐπελθούσῃ... αὐτοῦ ‖ ἐπιούσῃ νυκτὶ εἰς ὕπνον τραπείς. — 11. *Om.* τόπον... δυνάστην. — 13. πόδα ... καί φησι ‖ πόδα, τὸν ἀριστερὸν ἐπικείμενον ἔχοντα· ὅς φησι. — 14. ἀπεκρίνατο ‖ ἀπεκρίθη. — 16. τὸν δίκαιον ‖ αὐτόν. — 17. οἶδεν ‖ εἶδεν. — 17. αὐτοῦ ‖ αὐτόν. — 18. ἐπιθέμενον ‖ θέμενον. — 20. ὑπεναντίους ‖ *Add.* καθημένους. — 23. οἶδε ‖ εἶδε. — 26. πεπληρωμένη ἐστὶν ‖ πεπλήρωται. — 33. προσκαλεσάμενος ‖ βιασάμενον. — 34. ἀπετίναξας ‖ ἀποτινάξω. — 34. αὐτὸς ‖ ἑαυτόν. — 36. *Om.* ἄμοιρον. — **P. 29**, l. 1. οὔτε ‖ οὐδὲ. — 1. σοι ‖ σου. — 4. προσευχόμενος ‖ εὐχόμενος. — 4. στρατοπέδου ‖ *Add.* καὶ τοῦ βασιλέως. — 5. Καὶ... κλεισούρας ‖ Εἰσελθόντος ἐντὸς τῶν κλεισσουρίων τῆς Βουλγαρίας. — 9. ἐγεγόνει ‖ ἐγένετο.

C

(Bibliothèque Royale de Berlin : ms. du fonds grec, quart. 16 (xvii° siècle), f°s 99v-102v.)

*f. 99v * Τοὺ ἐν ἁγίοις πατρός ἡμῶν νικολάου μοναχοῦ τοῦ στρατι-
λάτου·

Ὅτος ὁ μέγας νικόλαος· ἤτων εἰς τὸν καιρὸν τῆς βασιλείας
νικηφόρου τοῦ· βασιλέως. καὶ ἤτο εἰς· τὸ ἄξιώμα σπαχῆς ἤγουν
στρατιλάτης ἤγουν· γιανίτζαρης· λοιπὸν εἰς τὸν καιρὸν ἐκεῖνων
ἐσύκωσεν ὁ βασίλεῦς φουσάτον. καὶ ἐπὴ κατὰ τῶν βουλγάρων ὅμως
εὐγήκεν. καὶ ὁ ἅγιος νικόλαος κατὰ τὴν τάξην τῶν στρατιώτων.
λοιπὸν περιπατώντας ὅλην τὴν ἡμέραν ἐπήγεν τὸ βράδυ καὶ ἐκό-
νευσε εἰς ενοῦ χριστιάνου σπήτη. καὶ ἐκάθησεν ὁ ἅγιος με τὸν οἰκοκύρην τοῦ σπητίου, καὶ ἐδίπνισαν, ἐσῦ κώθη ὁ ἅγιος καὶ ἕνα με
*f. 100r τὴν προσευχήν του· καὶ ἔτζη ἔπεσχεν νὰ κοϊμηθῇ. ὁ δι μισοκά*λλος
διάβολος τί ἔκαμε νὰ πιράξη τὸν ἅγιον, ἔβαλεν εἰς ἀγάπην πηρασ-
μῶν εἰς τὴν κορην, τοῦ οἰκοκύρην διὰ τὸν ἅγιον, καὶ τὴν τρίτην
ὥραν τῆς νὺκτός ἐσῦκῶθει ἡ κορὴ καὶ ἠπήγεν εἰς τὸν ἅγιον καὶ
τὸν ἐπήραζεν· καὶ τὸν ἔσερεν· νὰ κάμη μι ταύτης τὴν ἁμαρτίαν.
ὁ δὲ ἅγιος λέγει εἰς αὐτὴν παύσε ἀδελφοί μου ἀπὸ τὸν παράνομω.
καὶ σατανικὸν ἀγάπην· καὶ μὴν θέλλεις νὰ κολάσις τὴν παρθενία
σόυ· καὶ θέλλεις νὰ με σύρεις καὶ ἐμένα τὸν ταλαίπωρον εἰς τὸ
βάθως τοῦ ἄδου, ἐκεῖνη δὲ ἀνεχώρησεν κάμποσον· καὶ πάλιν· ὀλίγην
ὥραν ἐπήγεν εἰς τῶν ἅγιον· καὶ τὸν ἐπήραζεν. ὁ δὲ ἅγιος καὶ
δεύτερον τὴν ἀπεδίωξεν· ὀργήζων τὰς τὴν δυνατὰ· ἐκύνη δὲ πάλιν
ἀνεχώρισε ὀλύγον· λοιπὸν ὥσὰν ἤτον πῦρομένη ἀπὸ τὸν διαβολικὸν
f. 100v ἀγάπην· δὲν ἐδηνήθη πλέων νὰ ὑπομήνοι, ἀλλὰ πάλλιν ἐσῦκώθη
καὶ πήγε εἰς τὸν ἅγιον, καὶ τὸν ἐπήραζεν περισώτερον. τότε λέγη
της ὁ ἅγιος· ταλαίπωρη· καὶ αδιἄντροποι καὶ μεμϊάσμένοι· δὲν
ἐβλέπεις πῶς σε τραβοῦν· οἱ δαίμονες διὰ νὰ φθήρουν τὴν παρθενίαν
του, καὶ νὰ κάμεις πέγνιον καὶ ἐντραπὴν τοὺς γωνοί σου· εἰς ὅλ-
λους τοὺς ἀνθρώπους, καὶ νὰ βάλοις τὴν ψυχήν σου εἰς τὴν κολα-
σιν· δὲν ἐβλέπεις ταλαίπωρη, πῶς καὶ ἐγὼ ὁ πτωχὸς θέλω νὰ
παγένω· εἰς ἐπόλεμων βαρβάρων. ἄν με δηναμώσει ὁ θεὸς πῶς να-
μολήνω τὸ κορμί μου· πηγενάμενος εἰς ἐπόλμων, ταῦτα καὶ ἄλλα

τῆς ἦπεν· καὶ τὴν ἀποδιῶξεν καὶ ἔτζη ἐσυκώθη ὁ ἅγιος· καὶ ἔκαμεν τὴν προσευχήν του. καὶ ἔτζη ἐπίασε τὴν στράταν του· καὶ τὴν ἐρχομένην νύκταν, ἐκεῖ ὁποῦ ἐκοιμήθη· ἐβλέπει εἰς τὸν ὕ*πνον του· πῶς ἐστέκε τον εἰς ἕνα τόπον, εὔμορφεἰς σε κάμπον· καὶ πῶς *f. 101r κοντά του ἐκάθετον ἕνας αὐθέντης φοβερός· ὁ ὁποῖος ἤχεν τὸ δεξιών του τὸ ποδάρη ἀπάνω εἰς τὸ ζερβῶν. καὶ λέγει τοῦ ἅγιου· ἐβλέπεις τὰ φουσάτα· καὶ τοῦ ρωμαίου : καὶ τοῦ βουλγάρων, καὶ ἔτζη ἀπεκρίθη ὁ ἅγιος καὶ λέγει· καὶ αὐθέντι μου· ἐβλέπω πῶς οἱ ρωμαίοι κόφτουν τοὺς βουλγάρους, καὶ λέγει ὁ φενόμενος ἀφέντης τοῦ ἁγίου· κήταξέ με, καὶ ὦσὰν ἐκήταξεν ὁ ἅγιος τὸν φενόμενον ἀφέντη· τοδεξιῶν ποδάρη ἐπάτησε κάτω εἰς τὴν γὴν, καὶ τὸ ζερβὸν ποδάρη ἔβαλεν ἀπάνω εἰς το δεξιῶν· τῶ ὁποίον· ἀφόν της ἔγηνεν· ἔτζη κηταζώμενος ὁ ἅγιος πάλιν· εἰς τὰ φουσάτα· καὶ ἐβλέπει καὶ οἱ βουλγάρει κόφτουν τοὺς ρωμαίους χωρεῖς λήπην· και ωσαν επαυσεν ὁ πόλεμος τῶν βουλράρων· λέγει *τοῦ ἁγίου ὁ φενόμενος ἀφέντης· *f. 101v βάλε καλᾶ εἰς τὸν νοῦν σου τὸν κόψιμον τὸν ἀνθρώπων· εἰπέ μου σὰν τὴ σου φένεται. καὶ ὁ ἅγιος εἶδεν τριγύρου· καὶ κήταξεν ὅλην τὴν γὴν· οποῦ ἔβλεπεν γεμάτην ἀποθαμένα κορμία τῶν ἀνθρώπων, καὶ εἰς τὴν μέσην ἐβλέποι καὶ εἶδεν ἕνα περιβόλη χλωρὴν· καὶ μικρὸν· μεκρίαν βρύσην· καὶ ὁ ἅγιος λέγει τῶ ἀφέντη· ὅλοι ἡγῆ εἶναι γεμάτι ἀπὸ τοὺς ρωμαίους ὁποῦ ἐκόποικαν· μόνον μίαν περιβόλη μικρὸν ὁποῦ ἀπὸ μῖνε εὔκερι, τότε λέγει τοῦ ἁγίου· ὁ φοβερὸς ἀφέντης· σαντὶ βάνεις τὸ νοῦν σου να ἦναι αὐτά, καὶ λέγει ὁ ἅγιος, ἀγράματος ἦμαι αὔθεντι μου καὶ δὲν τῶν ἐγνωρίζω, καὶ λέγεἰ του ὁ ἀφέντης· ἐτούτο τὸ περιβῶλει τὸ μικρὸν τὸ εὔκερον ἦναι ἐδική σου καὶ ἤθελες κοπῆ καὶ ἐσὴ εἰς αὐτὸν με τοὺς γενιτζάρους σου· καὶ ἤθελες πεσοι· *εἰς αὐτῶν· νὰ γεμίσει καὶ τὸ ἐπίλειπον ἡγῆς· *f. 102r ἀμὴ ἐπὶ δὴ εἰς αὐτὴν ἀπερασμένην νύκταν· ἀποδιώξες ἀπὸ λόγου σου καλᾶ· τὸν τρικέφαλον φήδην· καὶ ἐπάλευσες τρεῖς φορὲς μετεκεῖνον· καὶ ἤθελεν νὰ σαι θανατῶσει· ἀμὴ νὰ πῶς ἐλευθερῶθεικες· ἀπὸ τὸν θάνατον. διὰ νὰ μὴν κάμης τὴν ἁμαρτίαν τὴν κακὴν· με την κόρην· καὶ ἔσωσες τὴν ψυχὴν σου μαζῆ με τὸ κορμί. ὅμος ἂν με δουλεῦσεις με την καρδίαν σου καὶ ἀληθηνᾶ· οὐ δὲ θάνατος καθωλικὸς σε θέλει πάρει. ἐβλέποντας τούτα ὁ ἅγιος· ἔγηνε ὦσὰν τρομασμένος· καὶ ἐθαύμαξεν. λοιπῶν σὰν ἐξήπνησεν ἀπὸ τοῦ ὕπνου, καὶ ἔτζη ἐσυκώθη καὶ ἔκαμεν τὴν προσευχὴν του· καὶ ἐπαρακάλιε τὸν θεὸν διὰ τὰ φουσάτα· καὶ ἔτζη ἐγύρισεν ὀπίσω μιᾶς ἡμέρας στράταν· καὶ ἀνέβη εἰς ἕνα βουνῶ καὶ ἔκαμεν τὴν προσευχήν του· ὅμως καὶ f. 102v ἐσέ*βη ὁ βασιλεῦς· εἰς τὰς κλησοῦρες τῆς βουλγαρίας, καὶ οἱ βουλγάρι ἀνέβηκαν εἰς ἕνα βουνῶ· καὶ ἄφησαν κάτω· 15000 χιλ-λιάδες φουσάτων διαφυλάξην· τοὺς ὁποίους ἐκατάσφαξαν οἱ ρωμαίοι· ὅλλους· λοιπῶν ἂν ἤθελαν χηθῆ τὸ φουσάτων· τῶν ρωμαίων· εἰς τὸ κάστρον χωρῆς νὰ γυρίσουν καμπόσων ἤθελαν σκοτωθοῦν οἱ ρωμαίοι ὅλοι με τῶν βασιλέαν τῶν νϊκηφόρον μαζῆ· ὦμος· ἐνήκησεν οἱ βουλγάρι τῶν ρωμαίων καὶ ἔπαυσεν ὁ πολεμος. ὁ δὲ ἅγιος ἐθημήθη τὸν ὄνειρον· καὶ εὐχαρίστησεν τὸν θεόν. λοιπὸν ἐγύρησεν ἀπεκεῖ κλέωντα; καὶ ἐπήγεν εἰς ἕνα μοναστήριον· καὶ ἔγυνε καλόγερος, καὶ ἐδούλευσεν πλῆθυνα τὸν θεὸν, καμπόσους χρόνους· καὶ ἔγυνεν μέγας θαυματουργὸς, καὶ πωλῶν ἀδελφῶν πατεράς. ἀναπαύθη ἐν κυρίω· τῶ θεῶ δώξα· εἰς τοὺς αἰῶνας τῶν αἰώνων, ἀμὴν· ἀμὴν· ἀμήν.

D

(Συναξαρίστης τῶν δώδεκα μήνων τοῦ ἐνιαυτοῦ. Ἐν Βενετίᾳ; 1819.)

Τῷ αὐτῷ μηνί (Δεκεμβρίῳ) κδ'.

. . . .

Οὗτος ὁ ἐν Ἁγίοις Πατὴρ ἡμῶν Νικόλαος ἔγινε στρατιώτης κατὰ τοὺς χρόνους Νικηφόρου τοῦ βασιλέως τοῦ Πατρικίου καὶ σταυρακίου ἐπικαλουμένου ἐν ἔτει ωβ'· καὶ ὅταν ἐκεῖνος ἐσύναξε στρατεύματα διὰ νὰ πολεμήσῃ τοὺς Βουλγάρους, τότε καὶ αὐτὸς εὐγῆκε μαζὶ μὲ τὸ στράτευμα. Καὶ διαπερνῶντας ἀπὸ ἕνα τόπον, ἐπειδὴ ἦτον βράδυ, ἔμεινεν εἰς ἕνα πανδοχεῖον : ἤγουν χάνι. Καὶ ἀφ' οὗ ἐδείπνησε μαζὶ μὲ τὸν πανδοχέα, ἔκαμε τὴν προσευχήν του καὶ ἐπλαγίασε διὰ νὰ κοιμηθῇ. Κατὰ δὲ τὰς ἕξ, ἢ καὶ ἑπτὰ ὥρας τῆς νυκτὸς, ἡ θυγάτηρ τοῦ πανδοχέως τρωθεῖσα ἀπὸ σατανικὸν ἔρωτα, ἐπῆγεν ἐκεῖ, ὅπου ἐκοιμᾶτο ὁ Ὅσιος, καὶ τὸν ἐκέντησε, τραβίζουσα αὐτὸν εἰς αἰσχρὰν μίξιν. Ὁ δὲ Ἅγιος εἶπε πρὸς αὐτήν· Παῦσαι, ὦ γύναι, ἀπὸ τὸν σατανικὸν καὶ ἄθεσμον ἔρωτα. Καὶ μὴ θελήσῃς καὶ ἐσὺ νὰ μολύνῃς τὴν παρθενείαν σου, καὶ ἐμένα τὸν ταλαίπωρον νὰ καταβιβάσῃς εἰς τὸ ᾅδου τὸ πέταυρον.

Ἐκείνη δὲ ἀνεχώρησε μὲν πρὸς ὀλίγον. Ἀλλὰ πάλιν μετὰ ὀλίγην ὥραν, ἐπῆγε καὶ ἐνώχλει τὸν δίκαιον. Ὁ δὲ Ὅσιος ἀπέβαλεν αὐτὴν καὶ τὸ δεύτερον, ἐλέγξας καὶ ἐπιτιμήσας αὐτὴν δυνατά. Ἐκείνη δὲ πάλιν ἀνεχώρησε, καὶ πάλιν ἐγύρισε, μεθυσμένη οὖσα ἀπὸ τὸν ἔρωτα.

Τότε ὁ Ἅγιος λέγει πρὸς αὐτήν· Ταλαίπωρε καὶ γεμάτη ἀπὸ κάθε ἀδιαντροπίαν, δὲν βλέπεις πῶς οἱ δαίμονες σὲ ταράττουσιν, ἵνα καὶ τὴν παρθενίαν σου φθείρωσι, καὶ τὴν ψυχήν σου κολάσωσι, καὶ ἀκολούθως ποιήσωσί σε εἰς ὅλους τοὺς ἀνθρώπους γέλωτα καὶ ὄνειδος; δὲν βλέπεις, πῶς καὶ ἐγὼ ὁ ἐλάχιστος πηγαίνω εἰς Ἔθνη βάρβαρα, καὶ εἰς πόλεμον καὶ αἱματοχυσίαν, μὲ τοῦ Θεοῦ τὴν βοήθειαν; πῶς λοιπὸν νὰ μολύνω τὴν σάρκα μου, εἰς καιρὸν ὁποῦ πηγαίνω εἰς πόλεμον; Ταῦτα καὶ ἄλλα ὅμοια ἐπιπληκτικὰ λόγια εἰπὼν ὁ δίκαιος πρὸς τὴν γυναῖκα, καὶ ἀποβαλὼν αὐτὴν, ἐσηκώθη ἐπάνω. Καὶ ἀφ' οὗ ἔκαμε τὴν προσευχήν του, ἐπῆγεν εἰς τὴν προκειμένην ὑπηρεσίαν του. Τὴν δὲ ἐρχομένην νύκτα, καθὼς ἐκοιμήθη, βλέπει πῶς ἐστέκετο εἰς ἕνα ὑψηλὸν καὶ περίοπτον τόπον. Κοντά του δὲ, βλέπει πῶς ἐκάθητο ἕνας κριτὴς, ὅστις εἶχε τὸ δεξιόν του ποδάρι βαλμένον ἐπάνω εἰς τὸ ἀριστερὸν, καὶ ἔλεγε πρὸς αὐτόν· Βλέπεις τὰ στρατεύματα τοῦ ἑνὸς μέρους τῶν Ῥωμαίων, καὶ τοῦ ἄλλου μέρους τῶν Βουλγάρων; Ὁ δὲ Νικόλαος ἀπεκρίνατο· Ναὶ Κύριε, βλέπω, ὅτι οἱ Ῥωμαῖοι συγκόπτουσι καὶ νικῶσι τοὺς Βουλγάρους· Τότε ὁ φαινόμενος λέγει πρὸς τὸν δίκαιον· Βλέπε εἰς ἐμέ. Ὁ δὲ ἐπιστρέψας τοὺς ὀφθαλμούς του πρὸς αὐτὸν, εἶδεν ὁποῦ, τὸ μὲν δεξιόν του ποδάρι εἶχεν ἐπάνω εἰς τὴν γῆν. Τὸ δὲ ἀριστερὸν εἶχεν ἐπάνω εἰς τὸ δεξιόν. Ἔπειτα γυρίσας τοὺς ὀφθαλμούς του εἰς τὰ στρατεύματα, βλέπει πῶς οἱ Βούλγαροι κατέκοπτον τοὺς Ῥωμαίους.

Ἀφ' οὗ δὲ ἔπαυσεν ἡ συγκοπὴ καὶ ὁ πόλεμος, λέγει ὁ φαινόμενος κριτὴς πρὸς τὸν δίκαιον· Στοχάσου καλὰ τοὺς τόπους τῶν φονευθέντων σωμάτων, καὶ λέγε μοι τί βλέπεις. Ὁ δὲ Νικόλαος στοχασθεὶς καλῶς, εἶδεν ὅλην τὴν γῆν ἐκείνην γεμάτην ἀπὸ νεκρὰ σώματα τῶν φονευθέντων Ῥωμαίων. Ἀναμεταξὺ δὲ αὐτῶν, βλέπει καὶ ἕνα τόπον πράσινον καὶ ὡραῖον διάστημα ἔχοντα ἕως μιᾶς κλίνης ἑνὸς ἀνθρώπου. Τότε ὁ φαινόμενος φοβερὸς εἶπεν εἰς τὸν στρατιώτην Νικόλαον· Καὶ τίνος λογιάζεις νὰ ἦναι ἡ μία κλίνη ἐκείνη; Ὁ δὲ Νικόλαος ἀπεκρίθη· Ἰδιώτης καὶ ἀμαθὴς εἶμαι, αὐθέντα μου, καὶ δὲν ἠξεύρω. Λέγει πρὸς αὐτὸν πάλιν ἐκεῖνος ὁ φοβερός· Ἡ μία κλίνη ὁποῦ βλέπεις, εἶναι ἰδική σου. Καὶ εἰς αὐτὴν ἔμελλες νὰ πέσῃς καὶ σὺ μαζὶ μὲ τοὺς ἄλλους φονευθέντας συστρατιώτας σου. Ἐπειδὴ δὲ κατὰ τὴν περασμένην νύκτα, ἀπετίναξας ἐπιτηδείως, καὶ ἐνίκησας τὸν τρίπλοκον ὄφιν : ἤγουν τὴν γυναῖκα, ὁποῦ σὲ ἐπολέμησε τρεῖς φοραῖς, παρακινῶντάς σε εἰς αἰσχρὰν μίξιν : διὰ τοῦτο ἐσὺ ὁ ἴδιος ἐλύτρωσες τὸν ἑαυτόν σου ἀπὸ τὴν συγκοπὴν ταύτην καὶ τὸν θάνατον, καὶ ἔσωσας τὴν ψυχήν σου μαζὶ καὶ τὸ σῶμά σου. Λοιπὸν οὐδὲ φυσικὸς θάνατος θέλει σὲ κυριεύσει, ἀνίσως με δουλεύσεις γνησίως

Ταῦτα θεασάμενος ὁ δίκαιος, καὶ γενόμενος ἔμφοβος, ἐξύπνισε. Καὶ σηκωθεὶς ἀπὸ τὴν κλίνην του, ἐπροσευχήθη. Γυρίσας δὲ ὀπίσω μιᾶς ἡμέρας τόπον, ἀνέβη εἰς ἕνα βουνὸν, καὶ ἐκεῖ ἐπροσηύχετο μετὰ ἡσυχίας πρὸς τὸν Θεὸν διὰ τὸ Ῥωμαϊκὸν στράτευμα. Ἐπειδὴ δὲ ὁ βασιλεὺς ἐπῆγεν εἰς τὰς κλεισούρας τῆς Βουλγαρίας, ἀνέβηκαν καὶ οἱ Βούλγαροι εἰς τὸ βουνὸν, ἀφήσαντες εἰς φύλαξιν τοῦ τόπου δεκαπέντε χιλιάδας στράτευμα ἢ καὶ περισσότερόν τι, ἢ καὶ ὀλιγώτερον. Τοὺς ὁποίους οἱ Ῥωμαῖοι κατέσφαξαν. Ὅθεν ὑπερηφανευθέντες διὰ τὴν νίκην αὐτὴν, ἀμέλησαν. Καὶ λοιπὸν εἰς ἕνα καιρὸν ὁποῦ ὅλοι οἱ Ῥωμαῖοι ἀμερίμνως καὶ ἀφυλάκτως ἐκοιμῶντο, ἦλθον τὴν νύκτα κατ' ἐπάνω των οἱ Βούλγαροι, καὶ ὅλους σχεδὸν, μαζὶ μὲ τὸν βασιλέα Νικηφόρον, τοὺς ἐπέρασαν ἐν στόματι μαχαίρας. Τότε ὁ δίκαιος Νικόλαος ἐνθυμηθεὶς τὴν ὀπτασίαν ὁποῦ εἶδεν, εὐχαρίστησε τῷ Θεῷ, καὶ ἐγύρισεν ὀπίσω κλαίων καὶ ὀδυρόμενος. Ἔπειτα πηγαίνωντας εἰς ἕνα μοναστήριον, ἔλαβε τὸ ἀγγελικὸν σχῆμα τῶν μοναχῶν. Καὶ δουλεύσας γνησίως εἰς τὸν Θεὸν χρονοὺς ἀρκετοὺς, ἔγινε διακριτικώτατος καὶ μέγας πατήρ.

www.ingramcontent.com/pod-product-compliance
Lightning Source LLC
Chambersburg PA
CBHW061318050726
47594CB00004B/1791